铁 路 运 输 收 入 培 训 适 用 教 材

客运票据填写实例

郑传义　主　编

徐亚名　李淑云

王志刚　梁　峻　副主编

中 国 铁 道 出 版 社

2017 年 · 北 京

内 容 简 介

本书针对目前代用票、客运运价杂费收据、退票报销凭证填写不规范、涂改、填写错误不按作废处理、不会填写票据等现象，根据《铁路旅客运输规程》《铁路旅客运价规则》《铁路旅客运输办理细则》《铁路运输收入管理规程》等规章制度，结合近年来规章变动、列车开行、车次变动等实际情况编写，力求提高代用票、客运运价杂费收据的填写质量，减少因据填写错误造成的票款、运杂费的多少收。

本书可作为铁路职业院校铁道交通运营管理专业的教材，又可供铁路运输收入管理人员、列车长、列车值班员、车站客运值班员、车站售票员、补票员等作业人员及收入、客运业务干部培训学习使用。

图书在版编目(CIP)数据

客运票据填写实例/郑传义主编.—北京:中国铁道出版社,
2017.12

铁路运输收入培训适用教材

ISBN 978-7-113-23892-6

Ⅰ.①客… Ⅱ.①郑… Ⅲ.①铁路运输-旅客运输-票据-教材
Ⅳ.①F530.68

中国版本图书馆 CIP 数据核字(2017)第 252950 号

书　　名:	客运票据填写实例
作　　者:	郑传义　主编

责任编辑:金　锋　　　编辑部电话:010-51873125　　　电子信箱:jinfeng88428@163.com
封面设计:王镜夷
责任校对:王　杰
责任印制:郭向伟

出版发行:中国铁道出版社 (100054,北京市西城区右安门西街 8 号)
网　　址:http://www.tdpress.com
印　　刷:三河市宏盛印务有限公司
版　　次:2017 年 12 月第 1 版　　2017 年 12 月第 1 次印刷
开　　本:787 mm×1 092 mm　1/16　印张:17　字数:361 千
书　　号:ISBN 978-7-113-23892-6
定　　价:65.00 元

编　委　会

PREFACE 前言

在运输生产实际中，代用票、客运运价杂费收据、退票报销凭证填写不规范、涂改、填写错误不按作废处理、不会填写等现象时有发生。为提高代用票、客运运价杂费收据、退票报销凭证的填写质量，减少因票据填写错误造成的票款、运杂费的多少收，根据《铁路旅客运输规程》（以下简称《客规》）、《铁路旅客运价规则》（以下简称《价规》）、《铁路旅客运输办理细则》（以下简称《细则》）、《铁路运输收入管理规程》等规章制度，结合近年来规章变动、列车开行、车次变动等实际情况，我们组织编写了此书。

本书力求结合运输生产实际，本着"实际、实效、实用"的原则，注重基本规章和有效收费文电相结合，采取说明与实例相结合的形式，适用于运输收入管理人员、列车长、列车值班员、车站客运值班员、车站售票员、补票员等作业人员及收入、客运业务干部培训及学习使用。

本书中实例仅作为票据填写参考式样，如所涉及列车车次、等级、发到站、座席别等变化，均以实际为准。

因时间仓促及编者水平有限，如有遗漏、错误或其他不当之处，恳请读者多提宝贵意见。

本书编委会
2017 年 11 月

CONTENTS 目录

第一部分　代　用　票

一、代用票用途、规格和印制方法

代用票是根据需要临时填发的票据。它是车站、列车在无计算机售票设备或计算机故障等特殊情况下代用车票和办理团体旅客乘车、包车、旅行变更以及在列车内补收票价、杂费时使用的一种票据。

代用票为甲、乙、丙三页复写式，尺寸为 120 mm×185 mm。甲、丙页为薄纸，乙页为厚纸。甲页存根，乙页为旅客用，加印浅褐色底纹，丙页报告。每 50 组为一册，按甲、乙、丙顺序装订，顺序号由 000001～100000 号循环，每 10 万号附记字母 A、B、C……符号(I、O 除外)，以黑色印刷。

代用票样式如图 1 所示。

二、代用票各栏填记的基本要求

(一)事由栏

1. 在事由栏填写相应的略语：
(1)客票——"客"，列车为"无票"。
(2)客快(普快、快速或特快)联合票——统称"客快"，列车为"无票"。
(3)客快(普快、快速或特快)卧联合票——统称"客快卧"，列车为"无票"。
注：乘降所上车的旅客，不收手续费，可发售超越本次列车区段的车票。
(4)加快票——"普快""快速"或"特快"，列车为"补快"。
(5)卧铺票——"卧"，列车为"补卧"。
(6)空调票——"空调"，列车为"补空调"。
(7)儿童超高——"超高"。
(8)丢失车票——"丢失""挂失补"。
(9)变更座别——"变座"。
(10)变更铺别——"变铺"。
(11)变更径路——"变径"。
(12)改乘高等级列车——"补价"(列车同意)、"不符"(列车不同意)。

A000000

铁 路 局

代 用 票

20　年　2月　日乙（旅客）

事由	1

A000000

原票	种 别	日期	年 月 日	座别	
		号码	3	经由	
	发站			票价	
	到站			记事	

自	4	站至	站	经由	5
				全程	6　千米

加收	至	7	间	票价	
补收	至		间	票价	

限乘当日第	8	次列车	客票票价	
于　月		日到达有效	快票价	

座别	人	数	卧票价	11
9	全 价		手续费	
	半 价	10		
	儿 童		合 计	

记事	12

（沈）　段第 13 次列车列车长　（印）
站售票员　（印）

14

拾元
9 8 7 6 5 4 3 2 1

佰元
9 8 7 6 5 4 3 2 1

仟元
9 8 7 6 5 4 3 2 1

注意事项
①核收票价与剪断线不符时，按无效处理（不足 10 元的除外，超过万元的保留最高额）。
②撕角、补贴、涂改即作无效。

A000000

图 1　代用票样式及各栏名称

1—事由栏；2—乘车日期栏；3—原票栏；4—乘车区间栏；5—经由栏；6—里程栏；
7—加收、补收栏；8—有效期栏；9—座别栏；10—人数栏；11—基本票价栏；
12—记事栏；13—售票处所栏；14—剪断线。

（13）乘车日期（含提前乘车）、车次、径路不符——"不符"（票价不同）、"补签"（票价相同）。

（14）误撕车票——"误撕"。原票栏按原票转记，事由栏填写误撕，票价栏划斜线抹消，车次栏不填。绝不能将误撕车票粘贴使用。

（15）不符合减价规定——"减价不符"。

（16）有效期终了——"过期"。

（17）持站台票来不及下车——"送人"。

（18）软座变硬卧——"补卧"。

（19）越站乘车——"越站"。

（20）旅客分乘——"分乘"。

（21）优惠团体——"优惠团体"。

（22）短途卧铺票价优惠——"优软卧""优硬卧"。

（23）越席乘车——"越席"。

（24）误售、误购——"误售""误购"。

（25）学生所购车票乘车区间超过学生证优惠乘车区间（含发站在前、到站在后、发到站均超出等情形）补收票价差额——"补差"。

（26）包车、团体按本项定语填写。

2. 事由栏填记的有关规定

（1）填记的先后顺序一般情况下决定所产生票价的计算顺序。

（2）一张代用票产生两个以上事由时，应由左至右或由上至下顺序排列。

（二）日期栏

实际乘车日期，但一月份填记为"元"月。

（三）原票栏

按收回的原票内容转记。

1. 除单独核收基本客票与附加客票票价外，凡在列车上补（加）收票价及未经车站中转签证需在列车上中转时，均需抄收原票。

2. 一张代用票办理两人以上业务，可将所收回原票的内容分别填记在一个原票栏内。

3. 种别：

（1）按照收回原票的种别填记，即客、客快、客快卧、动车组。

（2）在列车上单独办理上、中卧铺后，要求调整同等席别的中、下铺时，可只收回卧铺票，填记"变铺"。

（3）在处理公免票时，按照铁路乘车证种别填记，如硬（软）席往返（单程）、硬席临时定期、硬（软）席全年定期、探亲、定期通勤、通勤（学）、就医等。

4. 日期：转记原票的乘车日期；铁路乘车证转记票面标注的发、到日期。

5. 号码：填写原票（纸质车票、区段票、代用票、铁路乘车证）的符号、票号。

6. 发、到站:转记票面记载的发、到站。

7. 座别:根据旅客所持车票的席别,普通列车填写"软"或"硬";动车组列车按所乘席别填写,如一等、二等、特等、商务、动卧等。

8. 经由:转记原票票面指定的乘车径路所经由的分歧站简称,如吉、梅、沈等等。无分歧站时可不用填写。

9. 票价:根据原票标注的票价金额填写,当收回两张以上原票时,票价应合并计算。旅客持铁路乘车证,该项可省略。

10. 记事:用于记载原票票面的其他事项,如卧铺号、⑲、⑳、⑳、⑳、半价、人数;持铁路乘车证时还应在该栏内注明所属单位及姓名,如"吉工李兵"等。

(四)乘车区间栏

自×站至×站:一般情况下,该栏主要填记旅客要求旅行发、到站或旅行变更发、到站,不能超过本次列车的始发、终到站(乘降所上车补票、变径、误售、误购时除外),一般情况下与事由栏填记的第一项内容相对应,当产生多项事由时,特殊情况下可与事由栏第一项内容不符。

(五)经由栏

发、到站间有两条及其以上径路和发、到站间涉及两条线路时,应填写经由分歧站的简称;发、到站均在一条线路时,一般情况下不必填写经由。

(六)里程栏

在计算过程中出现的各种里程均需填记,当出现多个里程时,按照计算的先后顺序在里程栏内注明,相互间以"/"分隔。

(七)加收、补收栏

在办理相应的客运业务而产生加收、补收或核收其他款项无法在基本票价栏内填记时,在该栏内填记。当产生多种票价,无法在该两项补(加)收栏内填记时,可将相关的事项、发到站及票价合并填记。

为便于在办理相关业务的过程中能够真实的反映所办理各项业务的全过程,可对该栏内的"加"和"补"两字进行更改。

(八)有效期栏

1. 限乘车次:直达票填写所乘列车的车次,通票填写旅客乘坐的首趟列车车次;在列车上办理相关业务时,填写实际乘车区间的车次。

2. 于×月×日到达有效:

(1)直达票及单独填写附加票,将此栏更改为"当日当次"到达有效。

（2）通票有效期按照《客规》规定,填写有效期最后一日的日期。

(九)座别栏

根据旅客所乘席别确定,普速列车填写"软"或"硬";动车组列车按所乘席别填写,如一等、二等、特等、商务、动卧等。

(十)人数栏

根据办理车票的人数在全价、半价、儿童栏内用大写字体填写实际人数,不用栏用"♯"划消。

办理包车票,如实际乘车人数不足车辆定员数时,填记定员人数(即收费人数)。

(十一)基本票价栏

1. 客票票价:客票票价按乘车里程对应的种别、席别票价填记。

2. 快票价:在补办加快票时,应在"快"前填记相应简语,如"特""快速""普"字样,以明确所办理加快票的种类。

为便于计算和简化计算过程,客快票价能够直接在联合票价表中查出的,可在"快票价"栏前加"客"字样,变为"客快票价"填记客快联合票价,不必分项计算。(含客票、加快、空调)

3. 卧票价:在办理卧铺票或联合票分项计算时,应在"卧"字前填记"上、中、下"字样,并将票价总额填记在该栏内。

4. 手续费:按照所补收客票、附加票人数或在列车上办理分乘时的车票张数核收手续费,手续费一般分2元和5元两种。当办理一张车票产生两种以上手续费时,按最高额核收一次手续费。

5."票价空白"格:除客票票价、快票价、卧票价、手续费等固定项目以外的款项时,均可在该项栏内填记,如空调费、铁路乘车证违章乘车罚款等。

6. 合计栏:为所收各项款额的总计。

(十二)记事栏

1. 发售学生票、儿童票、伤残军警票、折扣票时,记载⑭、⑯、⑲、⑰字样。

2. 为旅客办理相关业务需收回原票时,应注明"原票(或站台票)收回"字样。

3. 在列车上为无票人员补票时,经站车同意的注明"同意"字样,未注明的应加收已乘区间应补票价50%的票款。

4. 办理分乘时,注明"收回原票与代用票A×××××号办理分乘,原×人票价××元"或"原票附在代用票A×××××号报告页上,原×人票价××元",同时注明原票所乘席别的等级、车厢和席(铺)位号。

5. 在列车上补办卧铺时,注明车厢和铺位号。

6. 处理路内人员违章乘车(包括违章使用乘车证)注明持票人(或借用人)所属单位、姓名、职务。

7. 处理伪造或涂改车票时,注明伪造或涂改车票号及"已交公安处理"字样。

8. 列车办理误购、误售时,注明"免费送回××站"字样。

9. 变更错后乘车时,在记事栏内注明"收回原票、错后乘车"。

10. 旅客丢失车票时,注明"旅客自述到××站"或对照站车无线交互系统提供的丢失车票注明"旅客姓名、证件号码、车厢、席位号"等信息;因列车工作人员将车票丢失时,注明"原票列车员丢失"和车厢、席别、铺位号,附加票丢失时还需注明"加快(卧铺、空调)票丢失"字样;挂失补,对照站车无线交互系统提供的丢失车票旅客姓名、证件号码、车厢、席位号等信息填记。

11. 非正常情况下发生铁路绕道运输旅客,需办理相关业务时按原径路的里程数核收票价,应在记事栏内注明产生绕道运输的原因。

12. 使用铁路乘车证变更铺别时,因无法收回原票,应在记事栏内注明使用人的单位及姓名备查。

13. 办理包车票时,应注明包车的车种、车号和定员数。办理团体旅客票时应注明团体旅客证的起、止号码。

14. 其他需要在记事栏注明的其他事项。

(十三)售票处所栏

列车填记本次列车所属段及车次,列车长姓名处加盖列车长规定名章;车站填记售票站站名,加盖售票员规定名章。

(十四)剪断线

乙页根据票价合计栏的款额将十、百、千条形码右侧剪断,将实收款额留在本页交给旅客,剩余部分附在丙页上报。

(十五)其他

填写代用票,必须项目齐全,字迹清楚,加盖规定名章,剪断线与填写金额不符时,不得涂改,一律按作废票处理。

为便于在办理相关业务的过程中能够真实的反映所办理各项业务的全过程,可对代用票印刷的文字进行更改或增加,如车站发售优惠团体票时,人数栏的其中一栏可以改为免收栏;列车变座变卧等两种以上补收内容时,加收补收栏中"加"改为"补"。

"旅客联"一经剪断,原则上不得按作废票处理,如属特殊情况,应由经办人写出经过,经单位领导签认后,报上级收入管理部门核实处理。

作废时必须各联齐全,票面上划对角线,并需加盖"作废"戳记。除存根联外其他各联一并上报。

收回原票换发代用票时,应将原票随丙页上报。

三、代用票填写步骤

1. 确定旅客乘车事由。
2. 查里程。
3. 计算票价：
(1)票价。
(2)手续费。
(3)合计。
4. 填写记事栏。

四、代用票办理原则

1. 确认违章性质。对有意不履行义务的,应补收票款并加收已乘区间50％票款。对主动补票并经站、车同意上车的人员或儿童,只补收票价,核收手续费。
2. 确认列车等级。
3. 确认列车径路(当日当次列车运行图规定的径路)。
4. 确认票面信息(客、快、卧、空、有效日期)。
5. 确认票价人数(全价、半价、合计金额)。
6. 确认旅客身份(票、证、人是否一致)。

五、本书列车类型用语相应的略语

(1)普客——非空调普通旅客慢车。
(2)普快——非空调普通旅客快车。
(3)快速——非空调快速旅客列车。
(4)特快——非空调特快旅客列车。
(5)新空普快——新型空调普通旅客快车。
(6)新空快速——新型空调快速旅客列车。
(7)新空特快——新型空调特快旅客列车。
(8)新空直达——新型空调直达特快旅客列车。
(9)城际动车——城际动车组旅客列车。
(10)动车——动车组旅客列车。
(11)高速动车——高速动车组旅客列车。

六、联合票及动车组车票

联合票是多种票合一的联合票据。联合票分类如下：

联合票

- 客快联合票
  - (1) 硬座普快
  - (2) 硬座特快
  - (3) 软座普快
  - (4) 软座特快
- 客卧联合票
  - (1) 硬座卧(上)
  - (2) 硬座卧(中)
  - (3) 硬座卧(下)
  - (4) 软座卧(上)
  - (5) 软座卧(下)
- 客快卧联合票
  - (1) 硬座普快卧(上)
  - (2) 硬座普快卧(中)
  - (3) 硬座普快卧(下)
  - (4) 硬座特快卧(上)
  - (5) 硬座特快卧(中)
  - (6) 硬座特快卧(下)
  - (7) 软座普快卧(上)
  - (8) 软座普快卧(下)
  - (9) 软座特快卧(上)
  - (10) 软座特快卧(下)
- 空调客快联合票
  - (1) 空调硬座普快
  - (2) 空调硬座特快
  - (3) 空调软座普快
  - (4) 空调软座特快
- 空调客快卧联合票
  - (1) 空调硬座普快卧(上)
  - (2) 空调硬座普快卧(中)
  - (3) 空调硬座普快卧(下)
  - (4) 空调硬座特快卧(上)
  - (5) 空调硬座特快卧(中)
  - (6) 空调硬座特快卧(下)
  - (7) 空调软座普快卧(上)
  - (8) 空调软座普快卧(下)
  - (9) 空调软座特快卧(上)
  - (10) 空调软座特快卧(下)

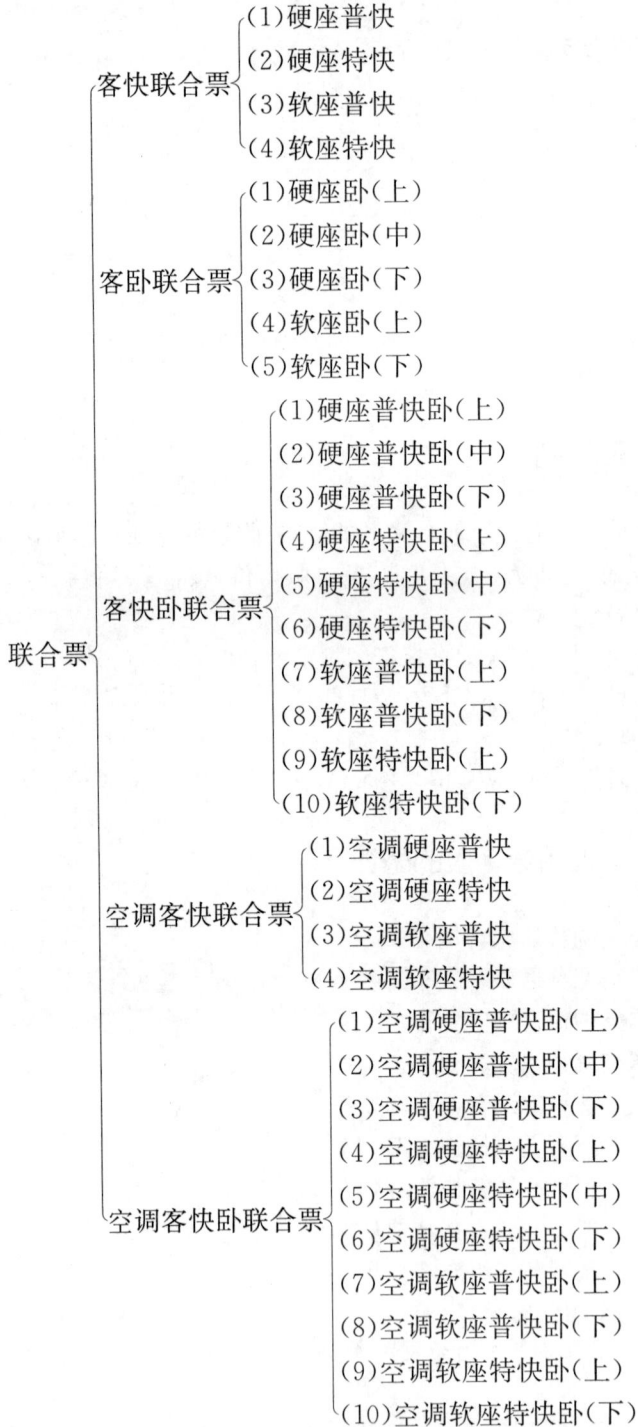

注:(1)快速车票、直达特快车票比照特快票。

(2)半价票:在各联合票种前加"半价"字样,如半价软座客票、半价硬座客票等。

动车组车组车票实行一口价(代用票填记为客票票价),分为一等、二等、特等、商务、动卧等。

七、实例解析

实例1 发售一段硬座、一段软座客票

（《客规》15条、16条，《细则》13条）

2016年7月1日，一名旅客在丹东站购买至铁岭的新空快速硬座普快通票，要求丹东至沈阳间乘坐 K7378 次（丹东—龙井）列车软座（RW 代 RZ）。车站如何处理？

一、处理依据

1. 发售软座客票时最远至本次列车终点站。旅客在乘车区间中，要求一段乘坐硬座车，一段乘坐软座车时，全程发售硬座客票。乘坐软座时，另收软座区间的软硬座票价差额。

2. 旅客购买加快票必须有软座或硬座客票。发售加快票的到站，必须是所乘快车或特别快车的停车站。发售需要中转换车的加快票的中转站还必须是有同等级快车始发的车站。

3. 在软卧车有空余包房的条件下，车站可根据列车长的预报发售软座车票。发站给中途站预留的包房，可利用其发售最远至预留站的软座车票，但涉及夜间（20:00～7:00）乘车，不得超过2 h。

二、处理方法

丹东 13:53 开，沈阳 18:36 到，可发售软座客票。

1. 事由栏

客快。

2. 查里程

丹东 $\xrightarrow{347\ km}$ 铁岭；软座区间里程：丹东 $\xrightarrow{277\ km}$ 沈阳。

3. 计算票价

（1）票价：

全程硬座普快票价：25.50 元

软座区间硬座普快票价：20.50 元

空调软座快速票价：63.50 元

票价差：63.50－20.50＝43.00（元）

（2）合计：25.50＋43.00＝68.50（元）

4. 记事栏

填记"沈阳—铁岭间硬座普快　身份证号＊＊＊＊＊＊＊＊＊＊＊＊＊＊＊＊＊＊"。

代用票填写如图2所示。

D000001

沈阳铁路局

代 用 票

2016 年 7 月 1日乙（旅客）

原票	种 别	日期	年 月 日	座别
		号码		经由
		发站		票价
		到站		记事

自 丹东 站至 铁岭 站	经由
	全程 347 千米

加收	至 间	票价
补收	至 间	票价

限乘当日第 K7378 次列车

于 7 月 2 日到达有效　**客快票价** 68.50

座别	人 数	卧票价	
软/硬	全 价	壹	手续费
	半 价	#	
	儿 童	#	合 计 68.50

记事　沈阳—铁岭间硬座普快　身份证号 ********************

沈　　　段第　　　次列车列车长　〔沈局×××丹东站 印〕

丹东 站售票员　〔印〕

拾元
9 8 7 6 5 4 3 2 1

佰元
9 8 7 6 5 4 3 2 1

仟元
9 8 7 6 5 4 3 2 1

D000001

注意事项　① 核收票价与剪断线不符时，按无效处理（不足 10 元的除外，超过万元的保留最高额）。
② 撕角、补贴、涂改即作无效。

D000001

图2　代用票填写样例

实例 2 代用硬座客票

（《客规》15 条，《细则》13 条）

2016 年 7 月 1 日，一名旅客由德惠站乘坐普客 6338 次（德惠—长春）列车硬座至长春。车站如何处理？

一、处理依据

1. 发售软座客票时最远至本次列车终点站。旅客在乘车区间中，要求一段乘坐硬座车，一段乘坐软座车时，全程发售硬座客票。乘坐软座时，另收软座区间的软硬座票价差额。

2. 有计算机售票设备的车站，除系统设备故障等特殊情况外，不得发售手工车票。车站发售客票时，不能使用到站不同但票价相同的车票互相代替。

二、处理方法

1. 事由栏

客。

2. 查里程

德惠$\overset{81\ km}{———}$长春。

3. 计算票价

硬座票价：5.00 元

代用票填写如图 3 所示。

4. 记事栏

填记"身份证号××××××××××××××××××"。

三、关联事项

售软座客票时，核收软座票价，座别栏写"软"字。

D000002

沈 阳 铁 路 局

Ⓡ 代 用 票

2016 年 7 月 1 日乙（旅客）

事由	客

原票	种 别	日期	年 月 日	座别
		号码		经由
		发站		票价
		到站		记事

自 德惠 站至 长春 站	经由	
	全程	81 千米

加收	至	间	票价	
补收	至	间	票价	
限乘当日第 6338 次列车		客票票价		
于 当日当次 月 日到达有效		快票价	5.00	
座别	人 数		卧票价	

硬	全价	壹	手续费	
	半价	#		
	儿童	#	合计	5.00

记事	身份证号 ******************

沈 _____ 段第 _____ 次列车列车长 【沈局×××印】

德惠 站售票员 【德惠站印】

D000002

9 8 7 6 5 4 3 2 1 拾元
9 8 7 6 5 4 3 2 1 佰元
9 8 7 6 5 4 3 2 1 仟元

注意事项 ①核收票价与剪断线不符时，按无效处理（不足 10 元的除外，超过万元的保留最高额）。
②撕角、补贴、涂改即作无效。

D000002

图3 代用票填写样例

实例 3 代用普快票

（《客规》16 条,《细则》14 条）

2016 年 7 月 1 日,一名旅客持东富至沈阳(经梅河口)硬座普客通票,在吉林站经快速 K7426 次(吉林—沈阳)列车长同意,在列车上办理加快至到站。列车如何处理?

一、处理依据

1. 旅客购买加快票必须有软座或硬座客票。发售加快票的到站,必须是所乘快车或特别快车的停车站。发售需要中转换车的加快票的中转站还必须是有同等级快车始发的车站

2. 发售加快票时,应在符合《客规》规定的前提下,其发到站之间全程都应有快车运行。如中间有无快车运行的区段时,则不能发售全程加快票。

二、处理方法

沈阳站是快车的停车站。

1. 事由栏

补快。

2. 查里程

吉林 $\underline{\quad 464\ km \quad}$ 沈阳(经梅)。

3. 计算票价

(1)快速票价:10.00 元

(2)手续费:2.00 元

(3)合计:10.00＋2.00＝12.00(元)

4. 记事栏

填记"随同原票使用有效"。

代用票填写如图 4 所示。

D000003

沈 阳 铁 路 局

代 用 票

2016 年 7 月 1 日乙（旅客）

事由	补快

原票	种 别	日期	年 月 日	座别
		号码		经由
		发站		票价
		到站		记事

自	吉林	站至	沈阳北	站	经由	梅
					全程	464 千米

加收	至	间	票价	
补收	至	间	票价	

限乘当日第 K7426 次列车	客票票价	

于 当日当次 月 日到达有效	普快票价	10.00

座别	人 数	卧票价	
	全 价	壹	手续费	2.00
	半 价	#		
	儿 童	#	合 计	12.00

记事	随同原票使用有效

沈 吉林 段第 K7426 次列车列车长

站售票员

沈局
×××
吉林段
印
印

注意事项
①核收票价与剪断线不符时，按无效处理（不足 10 元的除外，超过万元的保留最高额）。
②撕角、补贴、涂改即作无效。

D000003

9 8 7 6 5 4 3 2 1
拾元

9 8 7 6 5 4 3 2 1
佰元

9 8 7 6 5 4 3 2 1
仟元

D000003

图 4 代用票填写样例

实例 4 代用客快卧联合票

(《客规》17 条)

2016 年 7 月 1 日,一名无票人员经列车同意,在鞍山站乘新空普快 2550 次(鞍山—北京)列车,在列车上要求购买鞍山至北京空调硬座普快卧票(空余 9 车 15 下)。列车如何处理?

一、处理依据

旅客购买卧铺票时,卧铺票的到站、座别必须与客票的到站、座别相同,但对持通票的旅客,卧铺票只发售到中转站。

二、处理方法

1. 事由栏

无票。

2. 查里程

鞍山$\xrightarrow{707\ km}$北京(经海、狼)。

3. 计算票价

(1)票价:

空调硬座普快票价:86.00 元

硬卧(下)票价:84.00 元

(2)手续费:5.00 元

(3)合计:86.00＋84.00＋5.00＝175.00(元)

4. 记事栏

填记"同意 9 车 15 下 身份证号××××××××××××××××××。"

代用票填写如图 5 所示。

三、关联事项

1. 如车站发售时,填写"客快卧"。记事栏注明:"×车×号×铺"字样。

2. 如车站发售的客快票与卧铺票的到站不同,应在记事栏内注明"卧至××站,×车×号×铺"字样。

D000004

沈 阳 铁 路 局

代 用 票

2016 年 7 月 1 日乙（旅客）

事由	无票

原票	种别	日期	年 月 日	座别	
	号码			经由	
	发站			票价	
	到站			记事	

自 鞍山 站至 北京 站	经由	海、狼
	全程	707 千米

加收	至	间	票价	
补收	至	间	票价	

限乘当日第 2550 次列车	客票票价	
于当日当次月 日到达有效	客快票价	86.00
座别 人 数	下卧票价	84.00

硬	全 价	壹	手续费	5.00
	半 价	#		
	儿 童	#	合 计	175.00

记事	同意 9车15号下铺 身份证号＊＊＊＊＊＊＊＊＊＊＊＊

沈 锦州 段第 2550 次列车列车长	沈局 ××× 锦州段 印
站售票员	印

右侧数字栏：
D000004

9 8 7 6 5 4 3 2 1 拾元
9 8 7 6 5 4 3 2 1 佰元
9 8 7 6 5 4 3 2 1 仟元

注意事项
① 核收票价与剪断线不符时，按无效处理（不足 10 元的除外，超过万元的保留最高额）。
② 撕角、补贴、涂改即作无效。

D000004

图 5 代用票填写样例

实例5 代用卧铺票

（《客规》17条）

2016年7月1日，新空快速K216次（图们—北京）列车有3名旅客持当日当次朝阳川至天津硬座车票，要求在吉林至天津间购买卧铺（列车12车8号上、中、下空余）。列车如何处理？

一、处理依据

旅客购买卧铺票时，卧铺票的到站、座别必须与客票的到站、座别相同，但对持通票的旅客，卧铺票只发售到中转站。

列车补卧时，事由栏填写"补卧"；如车站发售时，填写"卧"。记事栏注明"×车×号×铺"。

二、处理方法

1. 事由栏

补卧。

2. 查里程

吉林 $\xrightarrow{1\,153\ km}$ 天津（经梅、沈）。

3. 计算票价

（1）票价：

硬卧（上）票价：106.00元

硬卧（中）票价：115.00元

硬卧（下）票价：124.00元

（2）手续费：5.00×3＝15.00（元）

（3）合计：106.00＋115.00＋124.00＋15.00＝360.00（元）

4. 记事栏

填记"12车8号上中下   随同原票使用有效"。

代用票填写如图6所示。

D000005

沈 阳 铁 路 局

代 用 票

2016 年 7 月 1 日乙（旅客）

事由	补卧

原票	种 别	日期	年 月 日	座别	
		号码		经由	
	发站			票价	
	到站			记事	

| 自 吉林 站至 天津 站 | 经由 梅、沈 |
| | 全程 1153 千米 |

| 加收 | 至 间 | 票价 |
| 补收 | 至 间 | 票价 |

| 限乘当日第 K216 次列车 | 客票价 | |
| 于 当日当次 月 日到达有效 | 快票价 | |

座别	人 数	上中下 卧票价	345.00
硬	全 价 叁	手续费	15.00
	半 价 #		
	儿 童 #	合 计	360.00

| 记事 | 12车8号上中下 随同原票使用有效 |

沈 吉林 段第 K216 次列车列车长 〔沈局 ×××〕印

站售票员 〔吉林段〕印

D000005

| 注意事项 | ①核收票价与剪断线不符时，按无效处理（不足 10 元的除外，超过万元的保留最高额）。 |
| | ②撕角、补贴、涂改即作无效。 |

（右侧竖排）D000005

9 8 7 6 5 4 3 2 1 拾元

9 8 7 6 5 4 3 2 1 佰元

9 8 7 6 5 4 3 2 1 仟元

图 6 代用票填写样例

实例 6 空 调 票

(《客规》18 条)

2016 年 7 月 1 日,快速 K7356 次(沈阳—阜新)列车验票发现有一名旅客持当日当次沈阳至阜新软座票,天义站漏收空调费(根据沈铁客电 381 号电报,自 2016 年 5 月 20 日起至 9 月 30 日止,部分旅客列车编组中软卧、软座车,从列车两端始发站起开始使用空调,请按章核收空调费)。列车如何处理?

一、处理依据

1. 旅客乘坐提供空调的列车时,应购买相应等级的车票或空调票。旅客在全部旅途中分别乘座空调车和普通车时,可发售全程普通硬座车票,对乘坐空调车区段另行核收空调车与普通车的票价差额。

2. 漏收空调费系因铁路责任,列车上补收空调费时,不收手续费。

二、处理方法

1. 事由栏

补空调。

2. 查里程

沈阳$\overset{182\,km}{\rule{3em}{0.4pt}}$阜新(经新)。

3. 计算票价

(1)空调费:3.00 元

(2)合计:3.00 元

4. 记事栏

填记"随原票使用有效"。

代用票填写如图 7 所示。

D000006

沈 阳 铁 路 局

🚂 代 用 票

2016 年 7 月 1 日乙（旅客）

事由	补空调

原票	种　别	日期	年　月　日	座别	
	号码			经由	
	发站			票价	
	到站			记事	

自　　沈阳　　站至　　阜新　　站	经由	新
	全程	182　千米

加收　　　　至　　　　间	票价
补收　　　　至　　　间	票价

限乘当日第　　K7356　　次列车	客票票价	
于 当日当次 月　　　　日到达有效	快票价	
座别　　人　　　　数	卧票价	

	全　价	壹	手续费	
	半　价	#	空调费	3.00
	儿　童	#	合　计	3.00

记事	随原票使用有效

沈 锦州 段第 K7356 次列车列车长　沈局×××锦州段 印 印

站售票员

D000006

D000006

拾元 9 8 7 6 5 4 3 2 1
佰元 9 8 7 6 5 4 3 2 1
仟元 9 8 7 6 5 4 3 2 1

注意事项
①核收票价与剪断线不符时，按无效处理（不足 10 元的除外，超过万元的保留最高额）。
②撕角、补贴、涂改即作无效。

图 7　代用票填写样例

实例 7 学生无票乘车

（《客规》20 条，《细则》17 条）

2016 年 7 月 1 日，新空普快 2623 次（大连—满州里）在大连站开车前，一名学生持潍坊至沈阳的学生减价优待证（有烟台到大连的客轮票），经列车同意上车补票。列车如何处理？

一、处理依据

1. 超过减价优待证上记载的区间乘车时，对超过区间按一般旅客办理，核收全价。

2. 学生票应按近径路发售，但有直达列车或换乘次数少的远径路也可发售。学生购买联程票或乘车区间涉及动车组列车的，可分段购票。学生票分段发售时，由发售第一段车票的车站在学生优惠卡中划销次数，中转站凭上一段车票售票，不再划销乘车次数

3. 华侨学生和港澳台学生回家时，车票发售至边境车站。

4. 符合减价优待条件的学生无票乘车时，除补收票款外，同时应在减价优待证上登记盖章，作为登记一次乘车次数。

5. 发售学生票（含乘降所上车的）时，应在学生减价优待证或其他有效证明上注明日期并加盖站名戳或列车长规定名章。

6. 学生回家或返校，全程旅行中需要乘坐其他交通工具，应确认所购买的接续船票、飞机票等，可购买学生票。

二、处理方法

学生在大连站上车，有从烟台到大连的客轮票，列车可以从大连站开始发售学生票。

1. 事由栏

无票。

2. 查里程

大连$\overset{397\text{ km}}{\underline{\qquad\qquad}}$沈阳

3. 计算票价：

(1)半价空调硬座普快票价：24.50 元

(2)手续费：2.00 元

(3)合计：24.50＋2.00＝26.50(元)

4. 记事栏

填记"ⓢ 同意 身份证号＊＊＊＊＊＊＊＊＊＊＊＊＊＊＊＊＊＊"。

代用票填写如图 8 所示。

D000007

沈 阳 铁 路 局

代 用 票

2016 年 7 月 1 日乙（旅客）

D000007

事由	无票

原票	种 别	日期	年 月 日	座别	
		号码		经由	
		发站		票价	
		到站		记事	

自	大连	站至	沈阳	站	经由	
					全程	397 千米

加收	至	间	票价	
补收	至	间	票价	

限乘当日第	2623	次列车	客票票价	
于 当日当次 月	日到达有效		客快票价	24.50

座别	人	数	卧票价	
硬	全 价	#	手续费	2.00
	半 价	壹		
	儿 童	#	合 计	26.50

记事	㊫ 同意 身份证号 ******************

㊪ 沈阳 段第 2623 次列车列车长	沈局 ××× 沈阳段 印 印
站售票员	

9 8 7 6 5 4 3 2 1 拾元

9 8 7 6 5 4 3 2 1 佰元

9 8 7 6 5 4 3 2 1 仟元

D000007

注意事项
①核收票价与剪断线不符时，按无效处理
（不足 10 元的除外，超过万元的保留最高额）。
②撕角、补贴、涂改即作无效。

图 8 代用票填写样例

实例 8 代用团体旅客票

（《客规》23 条）

2016 年 7 月 1 日白城市某院校组织师生 105 人去长春实习，要求乘新空快速 K7302 次（白城—长春）列车硬座去长春（8 车 1～105 号，团体旅客证 A000002～A000105 号）。白城站如何处理？

一、处理依据

1.20 人以上乘车日期、车次、到站、座别相同的旅客可作为团体旅客，承运人应优先安排；如填发代用票时除代用票持票本人外，每人另发一张团体旅客证。

2. 团体旅客购票优惠办法（铁运函〔1998〕167 号）

(1)凡符合《客规》规定的团体旅客购票时，满 20 人时，给予免收一个人票价的优惠，20人以上，每增加 10 人，再免收 1 个人的票价，但每年春运期间（起至日期以春运文件为准）不予优惠。

(2)团体旅客中有分别乘坐座、卧车或成人、儿童同一团体时，按其中票价高的免收。

(3)发售优惠团体票时，一律填发代用票，事由栏填"优惠团体"，发到站按实际填写，人数栏的其中一栏可以改为免收栏，人数按实际数填写，记事栏记载所乘坐的座（铺）位号，同时还记载团体旅客证的起止票号，但须收回代用票持票本人的团体旅客证。

(4)车站发售优惠团体票应设指定窗口。

3. 对不够 20 人的集体旅客购票填发代用票时，记事栏略语为"客快"等，不发给"团体旅客证"。

4. 如票价超过票面最高额（9 999.00 元）时，应将票价大写在记事栏内。

5. 填发代用票发售团体票时，使用计算机打印团体旅客证（即座号、卧铺号）的，须收回代用票持票本人的团体旅客证附报告页上报。

二、处理方法

105 人应免费人数：20 人免费 1 人，余 85 人按每增加 10 人的规定还可以免费 8 人（另剩 5 人不能再免），共计免费 9 人。

1. 事由栏

优惠团体。

2. 查里程

白城$\overset{333\ km}{\rule{3em}{0.4pt}}$长春。

3. 计算票价

空调硬座快速票价：50.50×96＝4 848.00（元）

合计：4 848.00 元

4. 记事栏

填记"团体旅客证 A000002～000105 号 8 车 1～105 号"。

代用票填写如图 9 所示。

D000008

沈 阳 铁 路 局

代 用 票

2016 年 7 月 1 日乙（旅客）

D000008

事由	优惠团体					

原票	种 别	日期	年 月 日	座别	
		号码		经由	
	发站			票价	
	到站			记事	

自 白城 站至 长春 站	经由	
	全程 333 千米	

加收	至	间	票价	
补收	至	间	票价	

限乘当日第 K7302 次列车 客票票价

于 当日当次 月 日到达有效 客快票价 4848.00

座别	人 数	卧票价	
硬	全 价	玖拾陆	手续费
	免 收	玖	
	儿 童	#	合 计	4848.00

记事 团体旅客证A000002~000105号 8车1~105号

沈 段第 次列车列车长 沈局×××印

白城 站售票员 白城站印

9 8 7 6 5 4 3 2 1 拾元
9 8 7 6 5 4 3 2 1 佰元
9 8 7 6 5 4 3 2 1 仟元

注意事项 ①核收票价与剪断线不符时,按无效处理 (不足 10 元的除外,超过万元的保留最高额)。
②撕角、补贴、涂改即作无效。

D000008

图 9 代用票填写样例

实例9 乘降所上车的旅客,购买通票

(《客规》24条,《沈阳局补充规定》1条)

2016年7月1日有一名旅客由桥北乘降所上车乘坐普快4248次,要求经沈、锦、津去徐州。列车如何处理?

一、处理依据

1. 在无人售票的乘降所上车的人员,可在列车内购票,不收手续费。

桥北系《铁路客运运价里程表》公布的乘降所,可发售通票。是无人售票的乘降所,可在列车内购票,应按实际里程计算票价,不收手续费。

2.局管内公布的旅客乘降所,与管内各站相互间可以发售客票。(但不能发售跨局通票)

3.持补票证或在无人售票的乘降所上车旅客,在车内补票时,应从该乘降所起至下车站止(局管内各站)计算票价,发站栏填写该乘降所名称,不收手续费。

4. 在有人售票的乘降所上车未购客票的旅客,除持补票证外,在列车上补票时,一般应按规定补收票价及核收手续费。

二、处理方法

1. 事由栏

客。

2. 查里程

桥北$\overset{95\ km}{———}$沈阳$\overset{718\ km}{———}$天津$\overset{676\ km}{———}$徐州(经沈、锦、津),合计1 489 km。

3. 计算票价

(1)硬座普快票价:86.50元

(2)合计:86.50元

4. 记事栏

填记"乘降所上车 身份证号※※※※※※※※※※※※※※※※※※"。

代用票填写如图10所示。

D000009

沈 阳 铁 路 局

代 用 票

2016 年 7 月 1 日乙（旅客）

原票	种 别	日 期	年 月 日	座别	
		号 码		经由	
		发 站		票价	
		到 站		记事	

		经由	沈、锦、津
自 桥北 站至 徐州 站		全程	1489 千米

加收	至 间	票价	
补收	至 间	票价	

限乘当日第 4248 次列车	客票票价	86.50
于 7 月 3 日到达有效	快票价	
座 别 人 数	卧票价	

硬	全 价	壹	手续费	
	半 价	#		
	儿 童	#	合 计	86.50

记事	乘降所上车身份证号＊＊＊＊＊＊＊＊＊＊＊＊＊＊＊＊

沈 沈阳 段第 4248 次列车列车长 沈局 ××× 印

站售票员 沈阳段 印

注意事项 ①核收票价与剪断线不符时，按无效处理（不足 10 元的除外，超过万元的保留最高额）。
②撕角、补贴、涂改即作无效。

D000009

（右侧竖排）D000009
拾元 9 8 7 6 5 4 3 2 1
佰元 9 8 7 6 5 4 3 2 1
仟元 9 8 7 6 5 4 3 2 1

图 10 代用票填写样例

实例 10　旅客在乘车途中车票过期

（《客规》25 条、30 条、35 条）

2016 年 7 月 1 日，新空快速 K215 次（北京—图们）列车山海关开车后，验票发现一旅客持 6 月 29 日北京至辽源的空调快速通票（票号 A004867，票价 141.50 元）乘车。列车如何处理？

一、处理依据

1. 直达票当日当次有效，但下列情形除外：

(1)全程在铁路运输企业管内运行的动车组列车车票有效期由企业自定。

(2)有效期有不同规定的其他票种。

通票的有效期按乘车里程计算：1 000 km 为 2 d，超过 1 000 km 的，每增加 1 000 km 增加 1 d，不足 1 000 km 的尾数按 1 d 计算；自指定乘车日起至有效期最后一日的 24:00 止。

乘车里程超过 1 000 km 通票的有效期速算法：运价里程除以 1 000，商是整数没有余数的，有效期等于商加 1；商有余数的，有效期等于商加 2。

2. 旅客办理中转签证或在列车上办理补签、变更席(铺)位时，签证或变更后的车次、席(铺)位票价高于原票价时，核收票价差额；签证或变更后的车次、席(铺)位票价低于原票价时，票价差额部分不予退还。

3. 持通票的旅客在乘车途中有效期终了、要求继续乘车时，应自有效期终了站或最近前方停车站起，另行补票，核收手续费。定期票可按有效使用至到站。

注：如因列车晚点过期时，应按列车时刻表正点计算。

二、处理方法

北京$\xrightarrow{1\,072\ km}$梅河口$\xrightarrow{73\ km}$辽源，合计 1 145 km，通票有效期为 3 d。

有效期至 7 月 1 日 24:00，列车正点运行到山海关为 7 月 1 日 19:38 到，19:44 开，前方停车站为沈阳站，正点到沈阳站时间为 7 月 2 日 0:50，应补收沈阳至梅河口的票价。K215 次列车不经由辽源站，旅客需要在梅河口站中转换乘至辽源站，另行购票。

1. 事由栏

过期。

2. 查里程

沈阳$\xrightarrow{246\ km}$梅河口。

3. 计算票价

(1)空调硬座快速票价：40.50 元。

(2)手续费：2.00 元。

(3)合计：40.50+2.00＝42.50 元。

4. 记事栏

填记"收回原票"。

代用票填写如图 11 所示。

D000010

沈阳铁路局

🚉 **代 用 票**

2016 年 7 月 1 日乙（旅客）

事由	过期

原票	种　别	日期	2016年6月29日	座别	硬
	客快	号码	A004867	经由	
		发站	北京	票价	141.50
		到站	辽源	记事	

自 沈阳 站至 梅河口 站	经由	
	全程	246 千米

加收	至	间	票价	
补收	至	间	票价	

限乘当日第 K215 次列车	客票票价	
于当日当次月 日到达有效	客快票价	40.50

座别	人　数	卧票价	
硬	全价	壹	手续费	2.00
	半价	#		
	儿童	#	合计	42.50

记事	收回原票

沈 吉林 段第 K215 次列车列车长 ㊞
站售票员 ㊞

注意事项
①核收票价与剪断线不符时，按无效处理（不足10元的除外，超过万元的保留最高额）。
②撕角、补贴、涂改即作无效。

D000010

右侧剪断线数字：拾元 9 8 7 6 5 4 3 2 1；佰元 9 8 7 6 5 4 3 2 1；仟元 9 8 7 6 5 4 3 2 1

D000010

图 11　代用票填写样例

实例 11　无票乘车

（《客规》44 条 1 款、45 条 1 款）

2016 年 7 月 1 日,普快 4343 次(吉林—图们)列车于榆树川站开车后(前方停车站为朝阳川站),验票发现一名无票人员由蛟河去图们。列车如何处理?

一、处理依据

1. 无票乘车时,除按规定补票,核收手续费以外,铁路运输企业有权对其身份进行登记,并须加收已乘区间应补票价 50% 的票款:

无票乘车时,补收自乘车站(不能判明时自始发站)起至到站止车票票价。持失效车票乘车按无票处理。

持站台票上车并在开车 20 min 后仍不声明时,按无票处理。

2. 有下列情况时补收票价,核收手续费:

持站台票上车送客未下车但及时声明时,补收至前方下车站的票款。

主动补票或者经站、车同意上车补票的。

二、处理方法

1. 事由栏

无票。

2. 查里程

蛟河$\xrightarrow{304\ km}$图们。

加收已乘区间:蛟河$\xrightarrow{241\ km}$朝阳川。

3. 计算票价

(1)票价:

应补蛟河至图们硬座普快票价:23.50 元

加收蛟河至朝阳川硬座普快票款:19.50×50%≈10.00(元)

(2)手续费:2.00 元

(3)合计:23.50+10.00+2.00＝35.50(元)

4. 记事栏

填记"身份证号✳✳✳✳✳✳✳✳✳✳✳✳✳✳✳✳✳✳"。

代用票填写如图 12 所示。

D000011

沈阳铁路局

代 用 票

2016 年 7 月 1 日乙（旅客）

D000011

原票	种　别	日期	年　月　日	座别	
	号码			经由	
	发站			票价	
	到站			记事	

自　蛟河　站至　图们　站	经由	
	全程 304/241 千米	

加收　蛟河　至　朝阳川　间　应补　票价 50%	10.00
补收　　　至　　　间　　票价	

限乘当日第　4343　次列车	客票票价	23.50
于当日当次月　　　日到达有效	快票价	

座　别	人　　数	卧票价	
硬	全　价	壹	手续费	2.00
	半　价	#		
	儿　童	#	合　计	35.50

记事	身份证号 *******************

沈　吉林　段第　4343　次列车列车长　〔沈局 ××× 印〕

站售票员　〔吉林段 印〕

9 8 7 6 5 4 3 2 1 拾元
9 8 7 6 5 4 3 2 1 佰元
9 8 7 6 5 4 3 2 1 仟元

注意事项
①核收票价与剪断线不符时，按无效处理（不足 10 元的除外，超过万元的保留最高额）。
②撕角、补贴、涂改即作无效。

D000011

图 12　代用票填写样例

实例 12　伪造、涂改车票

（《客规》44 条 1、2 款）

2016 年 7 月 1 日,新空普快 2590 次(松原—北京)列车终到北京站前,验票发现一名旅客持用的当日当次锦州至北京硬座车票(票号 B003653)是伪造的。经审查,该旅客从票贩手中购买。列车如何处理?

一、处理依据

有下列行为时,除按规定补票,核收手续费以外,铁路运输企业有权对其身份进行登记,并须加收已乘区间应补票价 50％的票款:

1. 无票乘车时,补收自乘车站(不能判明时自始发站)起至到站止车票票价。持失效车票乘车按无票处理。

2. 持用伪造或涂改的车票乘车时,除按无票处理外并送交公安部门处理。

二、处理方法

1. 事由栏

无票。

2. 查里程

锦州$\overset{617\ km}{\rule{2cm}{0.4pt}}$北京(经津)。

加收已乘区间:锦州$\overset{617\ km}{\rule{2cm}{0.4pt}}$北京(经津)。

3. 计算票价

(1)票价:

应补锦州至北京空调硬座普快票价:75.00 元

加收锦州至北京空调硬座普快票款:75.00×50％＝37.50(元)

(2)手续费:2.00 元

(3)合计:75.00＋37.50＋2.00＝114.50(元)

4. 记事栏

填记"伪造车票,移交公安部门处理　票号 B003653　身份证号✳✳✳✳✳✳✳✳✳✳✳✳✳✳✳✳✳✳"。

代用票填写如图 13 所示。

D000012

沈 阳 铁 路 局

代 用 票

2016 年 7 月 1 日乙（旅客）

事由	无票

	种 别	日期	年 月 日	座别
原		号码		经由
票		发站		票价
		到站		记事

自 锦州 站至 北京 站	经由	津
	全程	617 千米

加收 锦州 至 北京 间 应补 票价 50%	37.50

补收 至 间 票价	

限乘当日第 2590 次列车	客票票价	
于 当日当次月 日到达有效	客快票价	75.00

座别	人 数	卧票价	
	全 价	壹	手续费	2.00
硬	半 价	#	
	儿 童	#	合 计	114.50

记事	伪造车票,移交公安部门处理 票号B003653 身份证号*********************

沈 锦州 段第 2590 次列车列车长

站售票员

沈局 ××× 锦州 印 印

注意事项
①核收票价与剪断线不符时, 按无效处理
（不足 10 元的除外, 超过万元的保留最
高额）。
②撕角、补贴、涂改即作无效。

D000012

D000012

9 8 7 6 5 4 3 2 1 拾元
9 8 7 6 5 4 3 2 1 佰元
9 8 7 6 5 4 3 2 1 仟元

图 13 代用票填写样例

实例 13 持站台票上车来不及下车(未声明)

(《客规》44 条 3 款,《细则》40 条)

2016 年 7 月 1 日,新空快速 K957 次(青岛北—白城)列车太平川站到站前验票发现,有二名旅客持当日当次通辽站站台票乘车,已超过 20 min 仍未声明,经了解到太平川站。列车如何处理?

一、处理依据

有下列行为时,除按规定补票,核收手续费以外,铁路运输企业有权对其身份进行登记,并须加收已乘区间应补票价 50% 的票款:

1. 无票乘车时,补收自乘车站(不能判明时自始发站)起至到站止车票票价。持失效车票乘车按无票处理。

2. 持站台票上车并在开车 20 min 后仍不声明时,按无票处理。

3. 对不符合乘车条件的旅客、人员,站车均应了解原因,区别不同情况予以处理。对有意不履行义务的,应补收票款并加收票款。对主动补票并经站、车同意上车的人员或儿童,只补收票价,核收手续费。

二、处理方法

通辽$\overset{121\ km}{————}$太平川

1. 事由栏

无票。

2. 查里程

通辽$\overset{121\ km}{————}$太平川。

加收已乘区间:通辽$\overset{121\ km}{————}$太平川。

3. 计算票价

(1)票价:

应补通辽至太平川空调硬座普快票价:19.50×2=39.00(元)

加收通辽至太平川空调硬座普快票款:19.50×50%×2 人=20.00(元)

(注:核收多人加收车票票款时,应按每人分别处理尾数。)

(2)手续费:2.00×2=4.00(元)

(3)合计:39.00+20.00+4.00=63.00(元)

代用票填写如图 14 所示。

4. 记事栏

填记"身份证号********************"。

三、关联事项

如列车来不及补票,可将该旅客移交下车站,车站同样办理。

D000013

沈 阳 铁 路 局

代 用 票

2016 年 7 月 1 日乙（旅客）

事由	无票

原票	种　别	日期	年　月　日	座别	
		号码		经由	
		发站		票价	
		到站		记事	

自	通辽	站至	太平川	站	经由	
					全程	121　千米

加收	通辽	至	太平川	间	应补	票价 50%	20.00

补收	至	间	票价	

限乘当日第	K957	次列车	客票票价	

于 当日当次 月	日到达有效	客快票价	39.00

座别	人	数	卧票价	
硬	全　价	贰	手续费	4.00
	半　价	#		
	儿　童	#	合　计	63.00

记事	身份证号 ******************

沈	长春	段第	K957	次列车列车长	沈局 ××× 长春段	印 印

站售票员

注意事项
①核收票价与剪断线不符时，按无效处理（不足 10 元的除外，超过万元的保留最高额）。
②撕角、补贴、涂改即作无效。

D000013

D000013

9 8 7 6 5 4 3 2 1 拾元

9 8 7 6 5 4 3 2 1 佰元

9 8 7 6 5 4 3 2 1 仟元

图 14　代用票填写样例

实例 14　持站台票上车来不及下车（已声明）

（《客规》45 条 1 款 2 项、3 项）

2016 年 7 月 1 日，一名旅客持图们站发售的普快 4344 次（吉林—图们）站台票（票号 A000458），送客人来不及下车，已及时声明，到前方停车站延吉站下车。列车如何处理？

一、处理依据

有下列情况时补收票价，核收手续费：

1. 持站台票上车送客未下车但及时声明时，补收至前方下车站的票款。

2. 主动补票或者经站、车同意上车补票的。

二、处理方法

1. 事由栏

送人。

2. 查里程

图们$\overset{52\,km}{\rule{2cm}{0.4pt}}$延吉。

3. 计算票价

（1）硬座普快票价：4.00 元

（2）手续费：2.00 元

（3）合计：4.00＋2.00＝6.00（元）

4. 记事栏

填记"收回原票　开车后已声明　身份证号✱✱✱✱✱✱✱✱✱✱✱✱✱✱✱✱✱✱"。

代用票填写如图 15 所示。

D000014

沈 阳 铁 路 局

代 用 票

2016 年 7 月 1 日乙（旅客）

事由	送人

D000014

原票	种 别	日期	2016年 7月 1日	座别	
		号码	A000458	经由	
	站台票	发站		票价	1.00
		到站		记事	图们站售

自 图们 站至 延吉 站	经由	
	全程	52 千米

| 加收 至 间 票价 | |
| 补收 至 间 票价 | |

限乘当日第 4344 次列车	客票票价	
于 当日当次 月 日到达有效	客快票价	4.00

座别	人 数	卧票价	
硬	全 价	壹	手续费	2.00
	半 价	#		
	儿 童	#	合 计	6.00

记事	收回原票 开车后已声明 身份证号 ******************

沈 吉林 段第 4344 次列车列车长

站售票员

沈局×××印

吉林段印

9 8 7 6 5 4 3 2 1 拾元

9 8 7 6 5 4 3 2 1 佰元

9 8 7 6 5 4 3 2 1 仟元

注意事项

①核收票价与剪断线不符时，按无效处理（不足 10 元的除外，超过万元的保留最高额）。

②撕角、补贴、涂改即作无效。

D000014

图 15 代用票填写样例

实例 15　持用低等级的车票乘坐高等级列车、铺位、座席

《客规》35 条 2 款、44 条 4 款）

2016 年 7 月 1 日,新空快速 K971 次列车(青岛北—通化,4:35 开)沈阳站开车后(前方到站抚顺北站),验票发现一名旅客持快速 K7425 次(沈阳—吉林,7:28 开)沈阳至梅河口硬座普快票(票号 G008532,票价 22.50 元),未经站车同意提前乘车。列车如何处理?

一、处理依据

1. 旅客办理中转签证或在列车上办理补签、变更席(铺)位时,签证或变更后的车次、席(铺)位票价高于原票价时,核收票价差额;签证或变更的车次、席(铺)位票价低于原票价时,票价差额部分不予退还。

2. 有下列行为时,除按规定补票,核收手续费以外,铁路运输企业有权对其身份进行登记,并须加收已乘区间应补票价 50% 的票款:

持用低等级的车票乘坐高等级列车、铺位、座位时,补收所乘区间的票价差额。

3. 改乘高等级列车时,同意,事由栏填"补价";不同意,事由栏填"不符"。

二、处理方法

1. 事由栏

不符。

2. 查里程

沈阳 $\overset{65\text{ km}}{——}$ 抚顺北 $\overset{181\text{ km}}{——}$ 梅河口,合计 246 km。

加收已乘区间:沈阳 $\overset{65\text{ km}}{——}$ 抚顺北。

3. 计算票价

(1)票价:

①应补高低等级票价差

空调硬座快速票价:40.50 元

硬座快速票价:22.50 元

票价差:40.50－22.50＝18.00(元)

②加收票款

空调硬座快速票价:12.50 元

硬座快速票价:6.00 元

票价差:12.50－6.00＝6.50(元)

加收票款:6.50×50%≈3.50(元)

(2)手续费:2.00 元

(3)合计:18.00＋3.50＋2.00＝23.50(元)

4. 记事栏

填记"收回原票"。

代用票填写如图 16 所示。

D000015

沈阳铁路局

代 用 票

2016 年 7 月 1 日乙（旅客）

事由	不符

原票	种别	日期	2016年 7月 1日	座别	硬
		号码	G008532	经由	
	客快	发站	沈阳	票价	22.50
		到站	梅河口	记事	

自 沈阳 站至 梅河口 站	经由
	全程 246/65 千米

加收 沈阳 至 抚顺北 间 应补 票价50%	3.50
补收 沈阳 至 梅河口 间 高低等级 票价差	18.00

限乘当日第 K971 次列车	客票票价	
于 当日当次 月 日到达有效	快票价	
座别	人 数	卧票价

	全价	壹	手续费	2.00
硬	半价	#		
	儿童	#	合计	23.50

记事	收回原票

(沈) 吉林 段第 K971 次列车列车长

站售票员

沈局 ×× 吉林段 (印)

拾元
9 8 7 6 5 4 3 2 1

佰元
9 8 7 6 5 4 3 2 1

仟元
9 8 7 6 5 4 3 2 1

D000015

注意事项
①核收票价与剪断线不符时，按无效处理（不足10元的除外，超过万元的保留最高额）。
②撕角、补贴、涂改即作无效。

图 16 代用票填写样例

实例 16 越席乘车

(《客规》44 条 4 款、32 条)

2016 年 7 月 1 日,新空快速 K75 次(长春—宁波)列车南京站开车后(前方停车站为常州站)验票发现一名旅客持当日当次徐州至上海南的硬座车票(票号 G010024,票价 91.00元),乘坐在硬卧 10 车 8 号下。列车如何处理?

一、处理依据

1. 有下列行为时,除按规定补票、核收手续费以外,铁路运输企业有权对其身份进行登记,并须加收已乘区间应补票价 50％的票款:

持用低等级的车票乘坐高等级列车、铺位、座位时,补收所乘区间的票价差额。

2. 除特殊情况并经列车长同意的外,持低票价席别车票的旅客不能在高票价席别的车厢停留。

二、处理方法

此例分两种情况处理:

(一)第一种情况

列车无能力安排卧铺或旅客不同意使用卧铺至客票到站时(上海南),补收和加收的票款至列车前方停车站(常州)。

1. 事由栏

越席。

2. 查里程

全程里程:徐州 $\xrightarrow{663\ km}$ 上海南。

硬卧已乘区间:徐州 $\xrightarrow{484\ km}$ 常州。

3. 计算票价

(1)票价:

补收徐州至常州空调硬卧(下)票价:61.00 元

加收徐州至常州空调硬卧(下)票价 50％的票款:61.00×50％＝30.50(元)

(2)手续费:5.00 元

(3)合计:61.00＋30.50＋5.00＝96.50(元)

4. 记事栏

填记"收回原票"。

列车补、加收票款后,应将该旅客送至硬座车厢,按票面席位乘坐。

代用票填写如图 17 所示。

D000161

沈 阳 铁 路 局

代 用 票

2016 年 7 月 1 日乙（旅客）

事由	越席

原票	种别 客快	日期	2016年 6月30日	座别	硬
		号码	G010024	经由	
		发站	徐州	票价	91.00
		到站	上海南	记事	

自 徐州 站至 常州 站	经由	
	全程	484 千米

加收 徐州 至 常州 间 应补 票价 50%	30.50
补收 至 间 票价差	
限乘当日第 K75 次列车	客票票价	
于 当日当次 月 日到达有效	快票价	

座别	人 数	下卧票价	61.00
硬	全价	壹	手续费	5.00
	半价	#		
	儿童	#	合计	96.50

记事	收回原票

沈 吉林 段第 K75 次列车列车长

站售票员

沈局 ××× 印

吉林段 印

注意事项
①核收票价与剪断线不符时，按无效处理（不足 10 元的除外，超过万元的保留最高额）。
②撕角、补贴、涂改即作无效。

D000161

D000161

拾元 9 8 7 6 5 4 3 2 1

佰元 9 8 7 6 5 4 3 2 1

仟元 9 8 7 6 5 4 3 2 1

图 17 代用票填写样例

（二）第二种情况

列车有能力安排卧铺，旅客也同意使用卧铺至客票到站（上海南）时，应补收至旅客客票到站（上海南）的卧铺票价，但加收票款为至列车前方停车站（常州）。

1. 事由栏

越席。

2. 查里程

全程里程：徐州$\xrightarrow{663\,km}$上海南。

硬卧已乘区间：徐州$\xrightarrow{484\,km}$常州。

3. 计算票价

（1）票价：

①补收徐州至上海南空调硬卧（下）票价：78.00 元

②加收徐州至常州空调硬卧（下）票价 50％的票款：61.00×50％＝30.50（元）

（2）手续费：5.00 元

（3）合计：78.00＋30.50＋5.00＝113.50（元）

4. 记事栏

填记"收回原票　10 车 8 号下"。

代用票填写如图 18 所示。

D000162

沈阳铁路局

代 用 票

2016 年 7 月 1 日乙（旅客）

事由	越席

原票	种别	日期	2016年 6月30日	座别	硬
		号码	G010024	经由	
	客快	发站	徐州	票价	91.00
		到站	上海南	记事	

自 徐州 站至 上海南 站	经由
	全程 663/484 千米

加收 徐州 至 常州 间 应补 票价 50%	30.50
补收 至 间 票价差	

限乘当日第 K75 次列车	客票票价	
于 当日当次 月 日到达有效	快票价	

座别	人 数	下卧票价	78.00
硬	全价	壹	手续费	5.00
	半价	#		
	儿童	#	合计	113.50

记事	收回原票 10车8号下

沈 吉林 段第 K75 次列车列车长 〔沈局 ×××〕印

站售票员 〔吉林段〕印

注意事项
①核收票价与剪断线不符时，按无效处理（不足 10 元的除外，超过万元的保留最高额）。
②撕角、补贴、涂改即作无效。

D000162

（右侧竖排）D000162
9 8 7 6 5 4 3 2 1 拾元
9 8 7 6 5 4 3 2 1 佰元
9 8 7 6 5 4 3 2 1 仟元

图 18 代用票填写样例

实例 17 减价不符

（《客规》44 条 5 款）

2016 年 7 月 1 日，新空快速 K972 次（通化—青岛）列车山海关站开车后（前方停车站唐山站），验票发现一名旅客持当日当次通化（6 月 30 日 15:33 开车）至天津的硬座残疾军人票乘车（票号 G005648，票价 69.50 元），无减价凭证。列车如何处理？

一、处理依据

有下列行为时，除按规定补票，核收手续费以外，铁路运输企业有权对其身份进行登记，并须加收已乘区间应补票价 50％的票款：

旅客持儿童票、学生票、残疾军人票没有规定的减价凭证或不符合减价条件时，按照全价票价补收票价差额。

二、处理方法

1. 事由栏

减价不符。

2. 查里程

通化$\overset{1\,098\ km}{\rule{2em}{0.4pt}}$天津（经梅、沈）。

加收已乘区间：通化$\overset{975\ km}{\rule{2em}{0.4pt}}$唐山。

3. 计算票价

（1）票价：

①应补通化至天津间票价差

空调硬座快速票价：138.50 元

全半价票价差：138.50－69.50＝69.00（元）

②加收通化至唐山间票款

空调硬座快速票价：124.00 元

半价空调硬座快速票价：62.00 元

加收票款：（124.00－62.00）×50％＝31.00（元）

（2）手续费：2.00 元

（3）合计：69.00＋31.00＋2.00＝102.00（元）

4. 记事栏

填记"收回原票"。

代用票填写如图 19 所示。

D000017

沈 阳 铁 路 局

代 用 票

2016 年 7 月 1 日乙（旅客）

事由	减价不符

D000017

原票	种 别	日期	2016年 6月30日	座别	硬
	客快	号码	G005648	经由	梅、沈
		发站	通化	票价	69.50
		到站	天津	记事	军

自 通化 站至 天津 站	经由	梅、沈
	全程1098/975千米	

加收 通化 至 唐山 间 应补 票价 50%	31.00
补收 通化 至 天津 间 全字价 票价差	69.00

限乘当日第 K972 次列车	客票票价	
于 当日当次 月 日到达有效	快票价	
座 别 人 数	卧票价	

硬	全 价	壹	手续费	2.00
	半 价	#		
	儿 童	#	合 计	102.00

记事	收回原票

沈 吉林 段第 K972 次列车列车长 沈局 ××× 印

站售票员 吉林段 印

9 8 7 6 5 4 3 2 1 拾元
9 8 7 6 5 4 3 2 1 佰元
9 8 7 6 5 4 3 2 1 仟元

注意事项	①核收票价与剪断线不符时,按无效处理(不足10元的除外,超过万元的保留最高额)。②撕角、补贴、涂改即作无效。

D000017

图 19 代用票填写样例

实例 18 误 撕

(《细则》25 条)

2016 年 7 月 1 日,一名学生持佳木斯至丹东的通票(票号 N003678,票价 77.50 元),乘坐新空快速 K930 次(佳木斯—大连)列车在沈阳站中途换车时,车票被车站工作人员误撕。车站如何处理?

一、处理依据

误撕车票时,应换发代用票。

因铁路责任造成车票误撕不收手续费。

二、处理方法

1. 事由栏

误撕。

2. 查里程

佳木斯$\overset{1\,068\ km}{\rule{2em}{0.4pt}}$沈阳$\overset{277\ km}{\rule{2em}{0.4pt}}$丹东(经哈),合计 1 345 km。

3. 记事栏

填记"收回原票 (学)"。

代用票填写如图 20 所示。

要求该旅客持代用票(票号 D000018)到沈阳站售票窗口中转签证。

D000018

沈阳铁路局
代 用 票

2016 年 7 月 1 日乙（旅客）

事由	误撕

原票	种别	日期	2016年 7月 1日	座别	硬
	客快	号码	N003678	经由	哈
		发站	佳木斯	票价	77.50
		到站	丹东	记事	⑲

自 佳木斯 站至 沈阳 站	经由	哈
	全程 1 068 千米	

加收 至 间	票价
补收 至 间	票价

限乘当日第 K930 次列车	客票票价
于 当日当次 月 日到达有效	快票价

座别	人	数	卧票价
硬	全 价	#	手续费
	半 价	壹	
	儿 童	#	合 计

记事	收回原票 ⑲

⑳ .... 段第 .... 次列车列车长 沈局 ×××〔印〕

沈阳 站售票员 沈阳站〔印〕

注意事项
①核收票价与剪断线不符时,按无效处理(不足 10 元的除外,超过万元的保留最高额)。
②撕角、补贴、涂改即作无效。

D000018

D000018

9 8 7 6 5 4 3 2 1 拾元
9 8 7 6 5 4 3 2 1 佰元
9 8 7 6 5 4 3 2 1 仟元

图 20　代用票填写样例

实例 19　儿童无票并单独使用卧铺

（《客规》19 条、31 条 2 款、45 条 1 款 1 项，《价规》16 条 1、4 款）

2016 年 7 月 1 日，一名旅客持新空快速 K7385 次（大连—通化）当日当次硬座快速卧车票，携带 3 名身高超过 1.2 m 不足 1.5m 的无票儿童，要求补票且 3 名儿童共用一个卧铺（列车安排 2 车 17 下）。列车如何处理？

一、处理依据

1. 随同成人旅行身高 1.2～1.5 m 的儿童，应当购买儿童票；超过 1.5 m 时应买全价票。每一成人旅客可免费携带一名身高不足 1.2 m 的儿童，超过一名时，超过的人数应买儿童票。

儿童票的座别应与成人车票相同，其到站不得远于成人车票的到站。

免费乘车及持儿童票乘车的儿童单独使用卧铺时，应当补收票价差额。

2. 成人带儿童或儿童与儿童可共用一个卧铺。

3. 有下列情况时补收票价，核收手续费：

应买票而未买票的儿童按规定补收票价。身高超过 1.5 m 的儿童使用儿童票乘车时，应补收儿童票价与全价票价的差额。

4. 儿童票可享受客票、加快票和空调票的优惠，儿童票票价按相应客票和附加票票价的 50％ 计算。免费乘车及持儿童票乘车的儿童单独使用卧铺时，应另收全价卧铺票价，有空调时还应另收半价空调票票价。

享受优惠的儿童、学生、伤残军人乘坐市郊、棚车时，仍按硬座半价计算，不再减价。

二、处理方法

1. 事由栏

无票。

2. 查里程

大连 $\xrightarrow{870\ km}$ 通化。

3. 计算票价

（1）票价：

半价空调硬座快速票价：57.50×3＝172.50（元）

全价空调硬卧票价（下）：99.00 元

（2）手续费：2.00×2＋5.00＝9.00（元）

（3）合计：172.50＋99.00＋9.00＝280.50（元）

4. 记事栏

填记"⑳　2 车 17 下"。

代用票填写如图 21 所示。

D000019

沈 阳 铁 路 局

代 用 票

2016 年 7 月 1 日乙（旅客）

事由	无票

D000019

原票	种 别	日期	年 月 日	座别	
		号码		经由	
		发站		票价	
		到站		记事	

自	大连	站至	通化	站	经由	
					全程	870 千米

加收	至	间	票价	
补收	至	间	票价	

限乘当日第 K7385 次列车	客票票价	
于当日当次月 日到达有效	客快票价	172.50
座别 人 数	下卧票价	99.00
硬	全 价	#	手续费	9.00
	半 价	#		
	儿 童	叁	合 计	280.50

记事	残 2车17下

沈 吉林 段第 K7385 次列车列车长

站售票员

沈局 ×××

吉林段

9 8 7 6 5 4 3 2 1 拾元

9 8 7 6 5 4 3 2 1 佰元

9 8 7 6 5 4 3 2 1 仟元

注意事项
① 核收票价与剪断线不符时，按无效处理（不足10元的除外，超过万元的保留最高额）。
② 撕角、补贴、涂改即作无效。

D000019

图 21 代用票填写样例

实例 20 儿童超高

(《客规》19 条、31 条 2 款、45 条 1 款,《细则》16 条)

2016 年 7 月 1 日,新空直达 Z118 次(吉林—北京)列车开车后,验票发现一名旅客携带身高 1.51 m 的儿童一名,持当日当次硬座特快卧车票和儿童硬座车票(票号 G010023,票价71.00 元)各一张,共用卧铺。列车如何处理?

一、处理依据

1. 承运人一般不接受儿童单独旅行(乘火车通学的学生和承运人同意在旅途中监护的除外)。随同成人旅行身高 1.2～1.5 m 的儿童,应当购买儿童票;超过 1.5 m 时应买全价票。每一成人旅客可免费携带一名身高不足 1.2 m 的儿童,超过一名时,超过的人数应买儿童票。

儿童票的座别应与成人车票相同,其到站不得远于成人车票的到站。

免费乘车及持儿童票乘车的儿童单独使用卧铺时,应当补收票价差额

2. 成人带儿童或儿童与儿童可共用一个卧铺。

3. 有下列情况时补收票价,核收手续费:

应买票而未买票的儿童按规定补收票价。身高超过 1.5 m 的儿童使用儿童票乘车时,应补收儿童票价与全价票价的差额。

4. 通学的小学生不论身高多少,均按学生票办理。成人无论身高多少均应购买全价票。

二、处理方法

1. 事由栏

超高。

2. 查里程

吉林$\xrightarrow{1\,131\ km}$北京(经长、沈阳北)。

3. 计算票价

(1)票价:

空调硬座特快票价:141.50 元

半价空调硬座特快票价:71.00 元

全半价票价差:141.50－71.00＝70.50(元)

(2)手续费:2.00 元

(3)合计:70.50＋2.00＝72.50(元)

4. 记事栏

填记"收回原票"。

代用票填写如图 22 所示。

D000020

沈 阳 铁 路 局

代 用 票

2016 年 7 月 1 日乙（旅客）

事由	超高

原票	种 别	日期	2016年7月1日	座别	硬
	客快	号码	G010023	经由	长、沈阳北
		发站	吉林	票价	71.00
		到站	北京	记事	孩

自 吉林 站至 北京 站	经由	长、沈阳北
	全程	1131 千米

加收 至 间 票价	
补收 吉林 至 北京 间 全字价 票价差	70.50
限乘当日第 Z118 次列车 客票票价	
于 当日当次 月 日到达有效 快票价	

座 别	人 数	卧票价	
硬	全 价	壹	手续费	2.00
	半 价	#		
	儿 童	#	合 计	72.50

记事	收回原票

沈 吉林 段第 Z118 次列车列车长

站售票员

（沈局 ××× 印）（吉林段 印）

拾元 9 8 7 6 5 4 3 2 1

佰元 9 8 7 6 5 4 3 2 1

仟元 9 8 7 6 5 4 3 2 1

D000020

D000020

注意事项
① 核收票价与剪断线不符时，按无效处理（不足 10 元的除外，超过万元的保留最高额）。
② 撕角、补贴、涂改即作无效。

图22 代用票填写样例

实例 21 经站、车同意上车补票(普速车)

(《客规》45 条 1 款 2、3 项,《细则》40 条 1 款)

2016 年 7 月 1 日,一名无票人员在三源浦站经列车同意乘坐快速 K7522 次(通化—四平)列车去梅河口站。列车如何处理?

一、处理依据

1. 有下列情况时补收票价,核收手续费:

(1)持站台票上车送客未下车但及时声明时,补收至前方下车站的票款。

(2)主动补票或者经站、车同意上车补票的。

2. 对不符合乘车条件的旅客、人员,站车均应了解原因,区别不同情况予以处理。对有意应不履行义务的,应补收票款并加收票款。对主动补票并经站、车同意上车的人员或儿童,只补收票价,核收手续费。

二、处理方法

1. 事由栏

无票。

2. 查里程

三源浦———$\overset{75\ km}{————}$梅河口。

3. 计算票价

(1)票价:硬座快速票价:6.00 元

(2)手续费:2.00 元

(3)合计:6.00+2.00=8.00(元)

4. 记事栏

填记"同意 身份证号✕✕✕✕✕✕✕✕✕✕✕✕✕✕✕✕✕✕"。

代用票填写如图 23 所示。

D000021

沈 阳 铁 路 局

代 用 票

2016 年 7 月 1 日乙（旅客）

事由	无票

原票	种　别	日期	年　月　日	座别	
		号码		经由	
	发站			票价	
	到站			记事	

自	三源浦	站至	梅河口	站	经由	
					全程	75　千米

加收	至	间	票价	
补收	至	间	票价	

限乘当日第	K7522	次列车	客票票价	
于 当日当次月		日到达有效	客快票价	6.00
座别	人	数	卧票价	

硬	全　价	壹	手续费	2.00
	半　价	#		
	儿　童	#	合　计	8.00

记事	同意 身份证号 *****************

沈 吉林 段第 K7522 次列车列车长 沈局 ××× 吉林段 印 印
.... 站售票员 ....

注意事项 ①核收票价与剪断线不符时，按无效处理（不足 10 元的除外，超过万元的保留最高额）。
②撕角、补贴、涂改即作无效。

D000021

9 8 7 6 5 4 3 2 1 拾元
9 8 7 6 5 4 3 2 1 佰元
9 8 7 6 5 4 3 2 1 仟元

D000021

图 23　代用票填写样例

实例 22 经站、车同意上车补票(动车组)

(《客规》45 条 1 款 2、3 项,《细则》40 条 1 款)

2016 年 7 月 1 日,一名无票人员在沈阳北站经站、车同意乘坐 D8 次(沈阳北—北京)列车二等座去北京站。列车如何处理?

一、处理依据

1. 有下列情况时补收票价,核收手续费:

(1)持站台票上车送客未下车但及时声明时,补收至前方下车站的票款。

(2)主动补票或者经站、车同意上车补票的。

2. 对不符合乘车条件的旅客、人员,站车均应了解原因,区别不同情况予以处理。对有意应不履行义务的,应补收票款并加收票款。对主动补票并经站、车同意上车的人员或儿童,只补收票价,核收手续费。

二、处理方法

1. 事由栏

无票。

2. 查里程

沈阳北 $\xrightarrow{703\ km}$ 北京。

3. 计算票价

(1)动车二等座票价:206.00 元

(2)手续费:2.00 元

(3)合计:206.00+2.00=208.00(元)

4. 记事栏

填记"同意 无座 身份证号××××××××××××××××××××"。

代用票填写如图 24 所示。

D000022

沈 阳 铁 路 局
代 用 票

2016 年 7 月 1 日乙（旅客）

事由	无票

原	种 别	日期	年 月 日	座别
票		号码		经由
		发站		票价
		到站		记事

自 沈阳北 站至 北京 站	经由	
	全程 703 千米	

加收	至	间	票价	
补收	至	间	票价	

限乘当日第 D8 次列车	客票票价	206.00
于 当日当次月 日到达有效	快票价	
座 别 人 数	卧票价	

二等	全 价	壹	手续费	2.00
	半 价	#		
	儿 童	#	合 计	208.00

记事	同意 无座 身份证号 ******************

沈 沈阳 段第 D8 次列车列车长

站售票员

沈局 ××× 沈阳段 印

D000022

注意事项
①核收票价与剪断线不符时，按无效处理（不足 10 元的除外，超过万元的保留最高额）。
②撕角、补贴、涂改即作无效。

D000022

9 8 7 6 5 4 3 2 1 拾元
9 8 7 6 5 4 3 2 1 佰元
9 8 7 6 5 4 3 2 1 仟元

图 24 代用票填写样例

实例 23　未按票面指定的日期、车次乘车(提前乘车)

(《客规》45 条 2 款、34 条 1 款、35 条、48 条 1 款 5 项,《细则》43 条)

2016 年 7 月 1 日,一名旅客持新空快速 K7527 次(大连—珠斯花,20:49 开)大连至沈阳硬座车票(票号 A005672,票价 54.50 元),经站、车同意,提前乘坐新空快速 K7517 次(19:40 开),列车验票时发现。列车如何处理?

一、处理依据

1. 下列情况只核收手续费,但已经使用至到站的除外:

(1)旅客在票面指定的日期、车次开车前乘车的,应补签。

(2)旅客所持车票日期、车次相符但未经车站剪口的,应补剪。

(3)持通票的旅客中转换乘应签证而未签证的,应补签。

2. 旅客不能按票面指定的日期、车次乘车时,应当在票面指定的日期、车次开车前办理一次提前或推迟乘车签证手续,特殊情况经站长同意可在开车后 2 h 内办理。持动车组列车车票的旅客改乘当日其他动车组列车时不受开车后 2 h 内限制。团体旅客不应晚于开车前 48 h。

3. 旅客在发站办理改签时,改签后的车次票价高于原票价时,核收票价差额;改签后的车次票价低于原票价时,退还票价差额。

旅客办理中转签证或在列车上办理补签、变更席(铺)位时,签证或变更后的车次、席(铺)位票价高于原票价时,核收票价差额;签证或变更后的车次、席(铺)位票价低于原票价时,票价差额部分不予退还。

4. 旅客持票提前乘车并已经车站剪口时,列车应予补签,或者收回原票、换发代用票。代用票上记载实际乘车的日期、车次,原票栏按原票实际填写,原票随丙联上报。

5. 持卧铺票提前乘车时,在列车有能力的前提下应予以安排同等席别,但不享有优先权。没有能力安排时也不退还未使用区间卧铺票价。

6. 列车收回原票,换发代用票时,代用票上记载实际乘车的日期、车次;原票栏按原票实际填写,原票随丙联上报。

二、处理方法

首先利用"铁路客运站车无线交互系统"的"在线补签"功能进行补签。

1. 事由栏

补签。

2. 查里程

大连$\overset{397km}{\text{————}}$沈阳。

3. 计算票价

(1)票价:票价相同。

(2)手续费:2.00 元

(3)合计:2.00 元

4. 记事栏

填记"同意　收回原票　提前乘车"。

代用票填写如图 25 所示。

D000023

沈阳铁路局

Ⓡ **代 用 票**

2016 年 7 月 1 日乙（旅客）

原票	种　别		日期	2016年7月1日	座别	硬
	客快	号码		A005672	经由	
		发站		大连	票价	54.50
		到站		沈阳	记事	

自　　大连　　站至　　沈阳　　站	经由	
	全程	397　千米

加收　　至　　　间	票价	
补收　　至　　　间	票价	

限乘当日第　　K7517　　次列车	客票票价	
于当日当次月　　日到达有效	快票价	
座别　　人　　　数	卧票价	

硬	全　价	壹	手续费	2.00
	半　价	#		
	儿　童	#	合　计	2.00

记事	同意　收回原票　提前乘车

沈　大连　段第 K7517 次列车列车长
站售票员

沈局 ×××　印
大连段　印

D000023

注意事项
①核收票价与剪断线不符时，按无效处理（不足10元的除外，超过万元的保留最高额）。
②撕角、补贴、涂改即作无效。

D000023

9 8 7 6 5 4 3 2 1 拾元
9 8 7 6 5 4 3 2 1 佰元
9 8 7 6 5 4 3 2 1 仟元

图 25　代用票填写样例

实例 24　未按票面指定的日期、车次乘车(错后乘车)

(《客规》25 条 1 款、34 条 1 款、44 条 1 款 1 项)

2016 年 7 月 1 日,新空普快 2686 次(丹东—满洲里,16:20 开)列车长虹站开车后(前方停车站通远堡),验票发现一名旅客持新空普快 2258 次(丹东—北京,12:41 开)列车丹东至沈阳硬座车票(票号 B000672,票价 36.50 元),未经车站改签,私自错后乘车。列车如何处理?

一、处理依据

1. 直达票当日当次有效。

2. 旅客不能按票面指定的日期、车次乘车时,应当在票面指定的日期、车次开车前办理一次提前或推迟乘车签证手续,特殊情况经站长同意可在开车后 2 h 内办理。持动车组列车车票的旅客改乘当日其他动车组列车时不受开车后 2 h 内限制。团体旅客不应晚于开车前 48 h。

3. 有下列行为时,除按规定补票,核收手续费以外铁路运输企业有权对其身份进行登记,并须加收已乘区间应补票价 50%的票款:无票乘车时,补收自乘车站(不能判明时自始发站)起至到站止车票票价。持失效车票乘车按无票处理。

二、处理方法

按无票处理。

1. 事由栏

无票。

2. 查里程

丹东 $\overset{277\ km}{\rule{2cm}{0.4pt}}$ 沈阳。

加收已乘区间:丹东 $\overset{117\ km}{\rule{2cm}{0.4pt}}$ 通远堡。

3. 计算票价

(1)票价:

应补丹东至沈阳空调硬座普快票价:36.50 元

加收丹东至通远堡空调硬座普快票款:16.50×50%≈8.50(元)

(2)手续费:2.00 元

(3)合计:36.50+8.50+2.00=47.00(元)

不收回原票。

4. 记事栏

填词"身份证号********************"。

代用票填写如图 26 所示。

D000024

沈 阳 铁 路 局

代 用 票

2016 年 7 月 1 日乙（旅客）

事由	无票

	种 别	日期	年 月 日	座别
原票		号码		经由
		发站		票价
		到站		记事

自 丹东 站至 沈阳 站	经由
	全程 277/117 千米

加收 丹东 至 通远堡 间 应补 票价 50%	8.50

补收 至 间 票价	

限乘当日第 2686 次列车	客票票价	
于 当日当次 月 日到达有效	客快票价	36.50

座别	人 数	卧票价	
硬	全 价	壹	手续费	2.00
	半 价	#		
	儿 童	#	合 计	47.00

记事	身份证号 ********************

沈 沈阳 段第 2686 次列车列车长

沈局 ××× 印

沈阳段 印

站售票员

注意事项
①核收票价与剪断线不符时，按无效处理（不足 10 元的除外，超过万元的保留最高额）。
②撕角、补贴、涂改即作无效。

D000024

D000024

9 8 7 6 5 4 3 2 1 拾元

9 8 7 6 5 4 3 2 1 佰元

9 8 7 6 5 4 3 2 1 仟元

图 26 代用票填写样例

实例 25 "北营号"客运运输协议

2016 年 6 月 25 日,本溪站根据铁路客运协议向本溪北营钢铁(集团)有限公司通勤核收车票款。车站如何处理?

一、处理依据

1. 本溪北营钢铁(集团)有限公司与铁路就职工通勤运输签订"铁路客运协议",协议规定:通勤职工 2 526 人,职工通勤票务费每年 420 万元,按月支付,每月 35 万元,直接汇入本溪站指定的运输收入专户。

本溪—寒岭开行 57602/1、57604/3、57606/5、57608/7 次,按路用列车办理,经由辽溪线运行,由本溪车务段担当乘务。

2. 票价超过票面最高额(即 9 999.00 元)时,应将票价大写在记事栏内。

二、处理方法

1. 事由栏

北营通勤。

2. 查里程

北台 $\overset{14\text{ km}}{\rule{2em}{0.4pt}}$ 本溪。

3. 计算票价

票价:350 000.00 元。

4. 记事栏

填记"本溪北营钢铁(集团)股份有限公司通勤票款合计:叁拾伍万元整"。

代用票填写如图 27 所示。

D000025

沈阳铁路局

代 用 票

2017 年 6 月 25 日乙（旅客）

事由	北营通勤

原票	种 别	日期	年 月 日	座别	
		号码		经由	
		发站		票价	
		到站		记事	

自	本溪 北台	站至	北台 本溪	站	经由	
					全程 14/14 千米	

加收	至	间	票价	
补收	至	间	票价	

限乘当日第 57601/2/3/4/5/6/7/8 次列车	客票票价	350000.00
于 7 月份 日到达有效	快票价	
座 别	人 数	卧票价	
硬	全 价	贰仟伍佰贰拾陆	手续费	
	半 价	#		
	儿 童	#	合 计	350000.00

记事	本溪北营钢铁（集团）股份有限公司通勤票款合计：叁拾伍万元整。

沈 段第 次列车列车长 〔沈局 ××× 本溪站〕印

站售票员 印

D000025

9 8 7 6 5 4 3 2 1 拾元
9 8 7 6 5 4 3 2 1 佰元
9 8 7 6 5 4 3 2 1 仟元

注意事项 ①核收票价与剪断线不符时，按无效处理（不足 10 元的除外，超过万元的保留最高额）。
②撕角、补贴、涂改即作无效。

D000025

图 27 代用票填写样例

实例 26　硬座变软座

（《客规》15、35 条 2 款,《细则》13 条 2 款、32 条）

2016 年 7 月 1 日,一名旅客持当日当次新空快速 K7378 次(丹东—龙井)列车的丹东至沈阳硬座车票(票号 A001467),在丹东站开车后要求使用软座(软卧代软座,列车有空余)。列车如何处理?

一、处理依据

1. 发售软座客票时最远至本次列车终点站。旅客在乘车区间中,要求一段乘坐硬座车,一段乘坐软座车时,全程发售硬座客票。乘坐软座时,另收软座区间的软硬座票价差额。

2. 旅客办理中转签证或在列车上办理补签、变更席(铺)位时,签证或变更后的车次、席(铺)位票价高于原票价时,核收票价差额;签证或变更后的车次、席(铺)位票价低于原票价时,票价差额部分不予退还。

3. 在软卧车有空余包房的条件下,车站可根据列车长的预报发售软座车票。发站给中途站预留的包房,可利用其发售最远至预留站的软座车票,但涉及夜间(20:00～7:00)乘车,不得超过 2 h。

4. 旅客在列车上要求办理变更座位、铺位时,在列车有能力的情况下应当予以办理。需补收差价时,发售一张补价票,随同原票使用有效。

5. 硬座变软座时,应核收变更区间的票价差额,并核收手续费,不足起码里程按起码里程计算。

6. 持用学生硬座减价票变更软座时,补收变更区间的软座全价同硬座半价客票票价的差额,核收手续费。

7. 持铁路硬席免费乘车证要求变更软座时,比照一般旅客办理,在代用票原票栏记载乘车证有关事项,并在记事栏注明填发单位,不收原票。

二、处理方法

1. 事由栏

变座

2. 查里程

丹东 $\xrightarrow{277\ km}$ 沈阳

3. 计算票价

(1)票价

空调软座快速票价:63.50 元

空调硬座快速票价:41.50 元

票价差:63.50－41.50＝22.00(元)

(2)手续费:2.00 元

(3)合计:22.00＋2.00＝24.00(元)

4. 记事栏

填记"收回原票"。

代用票填写如图 28 所示。

D000026

D000026

沈 阳 铁 路 局

代 用 票

2016 年 7 月 1 日乙（旅客）

事由	变庄

原票	种别	日期	2016年 7 月 1 日	座别	硬
	客快	号码	A001467	经由	
		发站	丹东	票价	41.50
		到站	沈阳	记事	

自 丹东 站至 沈阳 站	经由	
	全程	277 千米

加收 至 间 票价

补收 丹东 至 沈阳 间 软硬座 票价差 22.00

限乘当日第 K7378 次列车 客票票价

于 当日当次月 日到达有效 快票价

座别	人 数	卧票价	
软	全价	壹	手续费 2.00
	半价	#	
	儿童	#	合计 24.00

记事	收回原票

沈 吉林 段第 K7378 次列车列车长 〔沈局 ×××〕印
站售票员 〔吉林段〕印

注意事项
①核收票价与剪断线不符时，按无效处理（不足 10 元的除外，超过万元的保留最高额）。
②撕角、补贴、涂改即作无效。

数字条（右侧）：拾元：9 8 7 6 5 4 3 2 1；佰元：9 8 7 6 5 4 3 2 1；仟元：9 8 7 6 5 4 3 2 1

D000026

图 28 代用票填写样例

实例 27　动车组二等座变一等座

(《客规》15、35 条 2 款,《细则》13 条 2 款、32 条)

2016 年 7 月 1 日,一名旅客持高速动车 G8126 次(珲春—大连北)吉林至长春二等座票(票号 A028153),吉林站开车后要求乘坐一等座(8 车 5F)。列车如何处理?

一、处理依据

1. 发售软座客票时最远至本次列车终点站。旅客在乘车区间中,要求一段乘坐硬座车,一段乘坐软座车时,全程发售硬座客票。乘坐软座时,另收软座区间的软硬座票价差额。

2. 旅客办理中转签证或在列车上办理补签、变更席(铺)位时,签证或变更后的车次、席(铺)位票价高于原票价时,核收票价差额;签证或变更后的车次、席(铺)位票价低于原票价时,票价差额部分不予退还。

3. 在软卧车有空余包房的条件下,车站可根据列车长的预报发售软座车票。发站给中途站预留的包房,可利用其发售最远至预留站的软座车票,但涉及夜间(20:00～7:00)乘车,不得超过 2 h。

4. 旅客在列车上要求办理变更座位、铺位时,在列车有能力的情况下应当予以办理。需补收差价时,发售一张补价票,随同原票使用有效。

5. 硬座变软座时,应核收变更区间的票价差额,并核收手续费,不足起码里程按起码里程计算。

6. 持用学生硬座减价票变更软座时,补收变更区间的软座全价同硬座半价客票票价的差额,核收手续费。

7. 持铁路硬席免费乘车证要求变更软座时,比照一般旅客办理,在代用票原票栏记载乘车证有关事项,并在记事栏注明填发单位,不收原票。

二、处理方法

1. 事由栏

变座。

2. 查里程

吉林$\overset{111\ km}{=\!=\!=}$长春。

3. 计算票价

(1)票价:

一等座票价:38.50 元

二等座票价:31.50 元

票价差:38.50－31.50＝7.00(元)

(2)手续费:2.00 元

(3)合计:7.00＋2.00＝9.00(元)

4. 记事栏

填记"收回原票　8 车 5F"。

代用票填写如图 29 所示。

D000027

沈 阳 铁 路 局

🚂 代 用 票

2016 年 7 月 1 日乙（旅客）

事由	变座

	种 别	日期	2016年7月1日	座别	二等
原票	动车组	号码	A028153	经由	
		发站	吉林	票价	31.50
		到站	长春	记事	

自 吉林 站至 长春 站	经由	
	全程	111 千米

加收 至 间 票价	
补收 吉林 至 长春 间 一、二等座 票价差	7.00

限乘当日第 G8126 次列车	客票票价	
于 当日当次 月 日到达有效	快票价	
座别 人 数	卧票价	

一等	全 价	壹	手续费	2.00
	半 价	#		
	儿 童	#	合 计	9.00

记事	收回原票 8车5F

沈 大连 段第 G8126 次列车列车长 沈局 ××× 印

站售票员 大连段 印

注意事项
①核收票价与剪断线不符时，按无效处理
（不足10元的除外，超过万元的保留最高额）。
②撕角、补贴、涂改即作无效。

D000027

（右侧竖排）D000027

9 8 7 6 5 4 3 2 1 拾元
9 8 7 6 5 4 3 2 1 佰元
9 8 7 6 5 4 3 2 1 仟元

图 29 代用票填写样例

实例 28　硬卧变软卧

（《客规》35 条 2 款，《细则》32 条）

2016 年 7 月 1 日，一名旅客持当日当次新空快速 K7375 次（大连—吉林）列车的硬座快速卧票（票号 A000596，2 车 9 号下，票价 208.00 元），列车运行至瓦房店站要求乘坐软卧（列车有空余 11 车 9 号）。列车如何处理？

一、处理依据

1. 旅客办理中转签证或在列车上办理补签、变更席（铺）位时，签证或变更后的车次、席（铺）位票价高于原票价时，核收票价差额；签证或变更后的车次、席（铺）位票价低于原票价时，票价差额部分不予退还。

列车上办理时，核收手续费。

2. 旅客在列车上要求办理变更座位、铺位时，在列车有能力的情况下应当予以办理。需补收差价时，发售一张补价票，随同原票使用有效。

3. 旅客在列车上要求硬卧变更软卧时，应核收变更区间的票价差额（软座与硬座、软卧与硬卧的票价差额），核收手续费。

二、处理方法

1. 事由栏

变座变卧。

2. 查里程

瓦房店$\overset{738\ km}{\rule{3em}{0.4pt}}$吉林（经沈、梅）。

3. 计算票价

（1）票价：

①变座：空调软座快速票价：154.00 元

空调硬座快速票价：98.00 元

软硬座票价差：154.00－98.00＝56.00（元）

②变卧

空调软卧（下）票价：121.00 元

空调硬卧（下）票价：84.00 元

软硬卧票价差：121.00－84.00＝37.00（元）

（2）手续费：2.00 元

（3）合计：56.00＋37.00＋2.00＝95.00（元）

4. 记事栏

填记"收回原票　11 车 9 号"。

代用票填写如图 30 所示。

D000028

沈 阳 铁 路 局

Ⓡ **代 用 票**

2016 年 7 月 1 日乙（旅客）

事由	变座 变卧

D000028

原票	种 别	日期	2016年 7月 1日	座别	硬
	客快卧	号码	A000596	经由	沈、梅
		发站	大连	票价	208.00
		到站	吉林	记事	2车9下

自 瓦房店 站至 吉林 站	经由	沈、梅
	全程	738 千米

补加收 瓦房店 至 吉林 间 软硬座 票价差	56.00
补收 瓦房店 至 吉林 间 软硬卧 票价差	37.00

限乘当日第 K7375 次列车	客票票价	
于 当日当次月 日到达有效	快票价	

座别	人 数	卧票价	
软	全 价	壹	手续费	2.00
	半 价	#		
	儿 童	#	合 计	95.00

记事	收回原票 11车9号

Ⓢ 吉林 段第 K7375 次列车列车长 沈局 ××× 印
站售票员 吉林段 印

9 8 7 6 5 4 3 2 1 拾元

9 8 7 6 5 4 3 2 1 佰元

9 8 7 6 5 4 3 2 1 仟元

注意事项
①核收票价与剪断线不符时，按无效处理（不足 10 元的除外，超过万元的保留最高额）。
②撕角、补贴、涂改即作无效。

D000028

图 30 代用票填写样例

实例 29　软座变硬卧

（《客规》35 条,《细则》32 条）

2016 年 7 月 1 日,一名旅客持当日当次新空快速 K7324 次(松原—长春)列车的软座车票(票号 A000798,票价 35.50 元),松原站开车后要求乘坐硬卧(列车有空余 2 车 8 下)。列车如何处理?

一、处理依据

1. 旅客办理中转签证或在列车上办理补签、变更席(铺)位时,签证或变更后的车次、席(铺)位票价高于原票价时,核收票价差额;签证或变更后的车次、席(铺)位票价低于原票价时,票价差额部分不予退还。

列车上办理时,核收手续费。

2. 旅客在列车上要求办理变更座位、铺位时,在列车有能力的情况下应当予以办理。需补收差价时,发售一张补价票,随同原票使用有效。

3. 旅客在列车上要求变更硬卧时,硬卧不足起码里程按起码里程计算。

二、处理方法

1. 事由栏

补卧。

2. 查里程

松原$\overset{149\ km}{\rule{2em}{0.4pt}}$长春。

3. 计算票价

(1)票价:

空调硬座快速卧(下)票价:54.00 元

空调软座快速票价:35.50 元

票价差:54.00－35.50＝18.50(元)

(2)手续费:5.00 元

(3)合计:18.50＋5.00＝23.50(元)

4. 记事栏

填记"收回原票　2 车 8 下"。

代用票填写如图 31 所示。

D000029

D000029

沈 阳 铁 路 局

代 用 票

2016 年 7 月 1 日乙（旅客）

事由	补卧

原票	种　别	日期	2016年 7 月 1 日	座别	软
		号码	A000798	经由	
	客快	发站	松原	票价	35.50
		到站	长春	记事	

自　　松原　　站至　　长春　　站	经由	
	全程	149　千米

加收　　　　至　　　　间　　　票价		
补收　松原　至　长春　间 硬卧软座 票价差		18.50
限乘当日第　　K7324　　次列车	客票票价	
于 当日当次 月　　　日到达有效	快票价	
座　别	人　　　数	卧票价

硬	全价	壹	手续费	5.00
	半价	#		
	儿童	#	合计	23.50

记事	收回原票　2车8下

沈　长春　　段第 K7324 次列车列车长 ＿＿＿＿＿＿＿＿＿＿＿＿＿＿

站售票员 ＿＿＿＿＿＿＿＿＿＿＿＿＿＿

沈局 ×××
长春段 印 印

（侧边刻度）9 8 7 6 5 4 3 2 1 拾元
9 8 7 6 5 4 3 2 1 佰元
9 8 7 6 5 4 3 2 1 仟元

D000029

注意事项
①核收票价与剪断线不符时，按无效处理（不足 10 元的除外，超过万元的保留最高额）。
②撕角、补贴、涂改即作无效。

图 31　代用票填写样例

实例 30 硬座变软卧

（《客规》35 条 2 款,《细则》32 条）

2016 年 7 月 1 日,一名旅客持当日当次新空普快 2258 次(丹东—北京)列车的丹东至北京硬座车票(票价 130.50 元,B004851),本溪站开车后要求使用软卧(列车有空余 3 车 11 号下)。列车如何处理?

一、处理依据

1. 旅客办理中转签证或在列车上办理补签、变更席(铺)位时,签证或变更后的车次、席(铺)位票价高于原票价时,核收票价差额;签证或变更后的车次、席(铺)位票价低于原票价时,票价差额部分不予退还。

列车上办理时,核收手续费。

2. 旅客在列车上要求办理变更座位、铺位时,在列车有能力的情况下应当予以办理。需补收差价时,发售一张补价票,随同原票使用有效。

二、处理方法

旅客持用硬座客票要求变更软卧时应换发代用票。首先补收变更区间的软座与硬座票价差额,然后再核收软卧票价及手续费。

1. 事由栏

变座补卧。

2. 查里程

本溪 $\xrightarrow{982 \text{ km}}$ 北京(经新、义、承)。

3. 计算票价

(1)票价:

①变座

空调软座普快票价:189.50 元

空调硬座普快票价:113.50 元

票价差:189.50－113.50＝76.00(元)

②补卧

空调软卧(下)票价:159.00 元

(2)手续费:5.00 元

(3)合计:76.00＋159.00＋5.00＝240.00(元)

4. 记事栏

填记"收回原票 3 车 11 号"。

代用票填写如图 32 所示。

D000030

沈 阳 铁 路 局

代 用 票

2016 年 7 月 1 日乙（旅客）

事由	变座补卧

D000030

原票	种 别	日期	2016年7月1日	座别	硬
		号码	B004851	经由	新、义、京
	客快	发站	丹东	票价	130.5
		到站	北京	记事	

自 本溪 站至 北京 站	经由	新、义、京
	全程	982 千米

加收 至 间 票价		
补收 本溪 至 北京 间 软硬座 票价差		76.00
限乘当日第 2258 次列车 客票票价		
于 当日当次月 日到达有效 快票价		
座别 人 数 下卧票价		159.00

	全 价	壹	手续费	5.00
软	半 价	#		
	儿 童	#	合 计	240.00

记事	收回原票 3车11号

沈 沈阳 段第 2258 次列车列车长 沈局×××沈阳段 印 印
站售票员

9 8 7 6 5 4 3 2 1 拾元
9 8 7 6 5 4 3 2 1 佰元
9 8 7 6 5 4 3 2 1 仟元

注意事项	①核收票价与剪断线不符时，按无效处理（不足 10 元的除外，超过万元的保留最高额）。
	②撕角、补贴、涂改即作无效。

D000030

图 32　代用票填写样例

实例 31　变更径路

（《客规》37 条，《细则》33 条）

2016 年 7 月 1 日，一名旅客持 6 月 30 日通化至山海关（经沈、锦）的硬座快速通票（票号 G010008，票价 83.00 元）乘坐新空快速 K7386 次（通化—大连），在沈阳北站改签新空直达 Z188 次（沈阳北—深圳，经海、沟，17：35 开）列车至山海关站（23：32 到）。车站如何处理？

一、处理依据

1. 持通票的旅客在中转站和列车上要求变更径路时，必须在通票有效期能够到达到站时方可办理。办理时，原票价低于变径后的票价时，应补收新旧径路里程票价差额，核收手续费；原票价高于或相当于变更后的径路票价时，持原票乘车有效，差额部分（包括列车等级不符的差额）不予退还。

2. 旅客要求变径需补收票价时，车站可使用常备专用补价票或计算机票补价。补价时，应收回原票。

二、处理方法

经计算，变更经路后，能在有效期到达山海关站。

1. 事由栏

变径。

2. 查里程

原通票里程：通化$\xrightarrow{376\ km}$沈阳北$\xrightarrow{417\ km}$山海关（沈、锦），合计 793 km。

原径路里程：沈阳北$\xrightarrow{417\ km}$山海关（沈、锦）。

新径路里程：沈阳北$\xrightarrow{484\ km}$山海关（海、沟）。

3. 计算票价

（1）票价：

新径路空调硬座特快票价：69.00 元

原径路硬座快速票价：35.50 元

票价差：69.00－35.50＝33.50（元）

（2）手续费：2.00 元

（3）合计：33.50＋2.00＝35.50（元）

4. 记事栏

填记"收回原票"。

代用票填写如图 33 所示。

D000031

沈 阳 铁 路 局

代 用 票

2016 年 7 月 1 日乙（旅客）

D000031

原票	种 别	日期	2016年6月30日	座别	硬
	客快	号码	G010008	经由	沈、锦
		发站	通化	票价	83.00
		到站	山海关	记事	

自 沈阳北 站至 山海关 站	经由	海、沟
	全程	484 千米

加收 至 间 票价

补收 沈阳北 至 山海关 间 新阳径路里程 票价差 33.50

限乘当日第 Z188 次列车 客票票价

于 当日当次 月 日到达有效 快票价

座 别	人 数	卧票价	
硬	全 价	壹	手续费	2.00
	半 价	#		
	儿 童	#	合 计	35.50

记事 收回原票

沈 段第 次列车列车长 沈局 ××× 沈阳北站 印

沈阳北 站售票员 印

9 8 7 6 5 4 3 2 1 拾元

9 8 7 6 5 4 3 2 1 佰元

9 8 7 6 5 4 3 2 1 仟元

注意事项 ①核收票价与剪断线不符时，按无效处理（不足10元的除外，超过万元的保留最高额）。

②撕角、补贴、涂改即作无效。

D000031

图33 代用票填写样例

实例 32　变更径路

（《客规》37 条，《细则》33 条）

2016 年 7 月 1 日，一名旅客持新空直达 Z188 次（沈阳北—深圳）列车沈阳北至山海关（经海、沟、锦）硬座车票（票号 D000031，票价 69.00 元），因故经列车同意要求提前乘坐新空快速 K518 次（吉林—上海）列车（经台安）至山海关站。列车如何处理？

一、处理依据

1. 持通票的旅客在中转站和列车上要求变更径路时，必须在通票有效期能够到达到站时方可办理。办理时，原票价低于变径后的票价时，应补收新旧径路里程票价差额，核收手续费；原票价高于或相当于变更后的径路票价时，持原票乘车有效，差额部分（包括列车等级不符的差额）不予退还。

2. 办理变径换发的代用票，列车填写"自×××站"栏时均填写办理站名。

3. 原票价高于或相等于变更后的径路票价时，可在原票背面注明"变更经由××站"，加盖站名戳或列车长规定名章，凭原票乘车有效。

4. 变径后的客票有效期按分歧站以后的里程重新计算。

5. 旅客同时提出变径和变座时，应先办理变径，后办理变座。使用一张代用票，核收一次手续费。

二、处理方法

1. 事由栏

变径。

2. 查里程

原径路里程：沈阳北 $\xrightarrow{484\ \text{km}}$ 山海关（海、沟、锦）。

新径路里程：沈阳北 $\xrightarrow{388\ \text{km}}$ 山海关（台安）。

3. 计算票价

（1）票价：

新径路空调硬座特快票价：54.50 元

原径路空调硬座快速票价：69.00 元

票价差：$54.50 - 69.00 = -14.50$（元）

原票价高于或相当于变更后的径路票价时，差额部分（包括列车等级不符的差额）不予退还。

（2）手续费：2.00 元

（3）合计：2.00 元

4. 记事栏

填记"收回原票"。

代用票填写如图 34 所示。

D000032

沈阳铁路局

代 用 票

2016 年 7 月 1 日乙（旅客）

事由	变径

原票	种别	日期	2016年7月1日	座别	硬
		号码	D000031	经由	海、沟
	客快	发站	沈阳北	票价	69.00
		到站	山海关	记事	

自 沈阳北 站至 山海关 站	经由	台安
	全程 484/388 千米	

加收	至	间	票价
补收	至	间	票价

限乘当日第 K518 次列车	客票票价	
于 当日当次 月 日到达有效	快票价	
座别 人 数	卧票价	

硬	全 价	壹	手续费	2.00
	半 价	#		
	儿 童	#	合 计	2.00

记事	收回原票

沈 吉林 段第 K518 次列车列车长

站售票员

注意事项 ①核收票价与剪断线不符时，按无效处理（不足 10 元的除外，超过万元的保留最高额）。
②撕角、补贴、涂改即作无效。

D000032

（右侧竖排）D000032

拾元 9 8 7 6 5 4 3 2 1
9 8 7 6 5 4 3 2 1
佰元 9 8 7 6 5 4 3 2 1
仟元

图 34 代用票填写样例

实例 33 越站乘车

《客规》38 条,《细则》34 条)

2016 年 7 月 1 日,一名旅客持当日当次新空快速 K7461/60 次(通辽—大连)列车通辽至四平硬座车票(票号 A000354,票价 32.50 元),在八面城站开车后,要求越站至沈阳站。列车如何处理?

一、处理依据

1. 旅客在到站前要求越过到站继续旅行时,在列车有能力的情况下应予以办理。办理时核收越站区间的票价,不足起码里程时,按起码里程计算;旅客同时提出变更座别、铺别和越站时,应先办理越站,后办理变更,使用一张代用票,核收一次手续费。遇有下列情况不能办理越站:

(1)列车严重超员;

(2)乘坐卧铺的旅客买的是给中途站预留的卧铺;

(3)乘坐的回转车,途中需要甩车。

2. 发现旅客越过原到站乘车时,按无票旅客处理。

3. 越站区间最远不能超过本次列车的终点站。

4. 加快同时越站,应先办理越站后办理加快。

5. 同一城市内有两个以上车站,旅客由于不明情况,发生越站乘车时,如票价相同,原票按有效办理;票价不同,只补收客票票价和手续费,附加票使用有效。车站办理时,填写客运运价杂费收据。

二、处理方法

1. 事由栏

越站。

2. 查里程

四平——$\overset{188 \text{ km}}{\rule{2em}{0.4pt}}$——沈阳。

3. 计算票价

(1)空调硬座快速票价:28.50 元

(2)手续费:2.00 元

(3)合计:28.50＋2.00＝30.50(元)

4. 记事栏

填记"收回原票"。

代用票填写如图 35 所示。

D000033

沈 阳 铁 路 局

Ⓡ **代 用 票**

2016 年 7 月 1 日乙（旅客）

事由	越站

原票	种　别	日期	2016年7月1日	座别	硬
		号码	A000354	经由	
	客快	发站	通辽	票价	32.50
		到站	四平	记事	

自　四平　站至　沈阳　站	经由	
	全程	188　千米

加收　　至　　间　票价	
补收　　至　　间　票价	

限乘当日第　K7460　次列车	客票票价	
于 当日当次 月　　日到达有效	客快票价	28.50

座别	人　　　数	卧票价	
硬	全价	壹	手续费	2.00
	半价	#		
	儿童	#	合计	30.50

记事	收回原票

沈　锦州　段第 K7460 次列车列车长 〔沈局×××锦州段〕印

_____站售票员 印

D000033

9 8 7 6 5 4 3 2 1 拾元
9 8 7 6 5 4 3 2 1 佰元
9 8 7 6 5 4 3 2 1 仟元

注意事项
①核收票价与剪断线不符时，按无效处理（不足 10 元的除外，超过万元的保留最高额）。
②撕角、补贴、涂改即作无效。

D000033

图 35　代用票填写样例

实例 34　分　　乘

（《客规》39 条，《细则》35 条）

2016 年 7 月 1 日，新空快速 K1056 次（延吉—青岛北）列车有 5 名旅客持用一张延吉至天津硬座代用票（票号 A067892，票价 887.50 元）要求办理分乘，其中 2 人在沈阳北站下车，列车如何处理？

一、处理依据

1. 两名以上旅客共持一张代用票要求办理分票手续时，站、车应予以办理。办理时按分票的张数核收手续费。

2. 二人以上旅客使用一张代用票，要求分开乘车时，应收回原票，换发代用票。分乘与旅行变更同时发生时，按变更人数核收一次手续费。

二、处理方法

（一）填发第一张代用票

票号 D000341 号。

1. 事由栏

分乘。

2. 查里程

延吉$\overset{1490km}{\rule{3em}{0.4pt}}$天津（经吉、长、沈、锦）。

3. 计算票价

(1)已收空调硬座快速票价：177.50×5＝887.50（元）

(2)手续费：2.00 元

(3)合计：2.00 元

4. 记事栏

填记"收回原票　与代用票 D000342 号分乘，叁人票价 532.50 元"。

代用票填写如图 36 所示。

（二）填发第二张代用票

票号 D000342 号。

1. 原票栏

填写原票种别、日期、号码。

2. 人数栏

填贰人。

3. 核收手续费 2.00 元。

4. 记事栏

填记"原票附在代用票 D000341 号报告页上　贰人票价 355.00 元"。

代用票填写如图 37 所示。

D000341

沈阳铁路局

代 用 票

2016 年 7 月 1 日乙（旅客）

原票	种别	日期	2016年7月1日	座别	硬
	客快	号码	A067892	经由	吉、长、沈、锦
		发站	延吉	票价	887.50
		到站	天津	记事	伍人

自 延吉 站至 天津 站　经由 吉、长、沈、锦
　　　　　　　　　　　　　　全程 1490 千米

加收　至　间　票价

补收　至　间　票价

限乘当日第 K1056 次列车　客票票价

于 当日当次 月　日到达有效　快票价

座别	人	数	卧票价	
硬	全 价	叁	手续费	2.00
	半 价	#		
	儿 童	#	合 计	2.00

记事　收回原票　与代用票D000342号分乘　叁人票价532.50元

沈 吉林 段第 K1056 次列车列车长

站售票员

沈局 ××× 吉林段 印 印

事由　分乘

注意事项　①核收票价与剪断线不符时，按无效处理（不足10元的除外，超过万元的保留最高额）。
②撕角、补贴、涂改即作无效。

D000341

D000341

9 8 7 6 5 4 3 2 1 拾元
9 8 7 6 5 4 3 2 1 佰元
9 8 7 6 5 4 3 2 1 仟元

图 36　代用票填写样例

D000342

沈阳铁路局

代 用 票

2016 年 7 月 1 日乙（旅客）

事由	分乘

D000342

原票	种别	日期	2016年7月1日	座别	
	客快	号码	A067892	经由	
		发站		票价	
		到站		记事	

自 延吉 站至 天津 站	经由 吉、长、沈、锦
	全程 1490 千米

加收 至 间	票价
补收 至 间	票价

限乘当日第 K1056 次列车	客票票价
于 当日当次 月 日到达有效	快票价

座别	人 数	卧票价	
硬	全价	贰	手续费	2.00
	半价	#		
	儿童	#	合计	2.00

记事	原票附在代用票D000341号报告页上 贰人票价355.00元

沈 吉林 段第 K1056 次列车列车长 沈局×××吉林段 印

站售票员 印

9 8 7 6 5 4 3 2 1 拾元

9 8 7 6 5 4 3 2 1 佰元

9 8 7 6 5 4 3 2 1 仟元

D000342

注意事项
①核收票价与剪断线不符时，按无效处理（不足10元的除外，超过万元的保留最高额）。
②撕角、补贴、涂改即作无效。

图 37 代用票填写样例

实例 35　误购、误售

（《客规》40、42 条，《细则》36 条、37 条）

2016 年 7 月 1 日，新空普快 1801 次（昌平北—齐齐哈尔）列车巨宝站开车后，验票发现一名旅客因口音不清误购（售）通辽至乾安空调硬座普快票（票号 B004387，票价 32.50 元），其正当到站是津山线上的迁安站。列车如何处理？

一、处理依据

1. 发生车票误售、误购时，在发站应换发新票。在中途站、原票到站或列车内应补收票价时，换发代用票，补收票价差额。应退还票价时，站、车应编制客运记录交旅客，作为乘车至正当到站要求退还票价差额的凭证，并应以最方便的列车将旅客运送至正当到站，均不收取手续费或退票费。

2. 由于误售、误购、误乘或坐过了站在原通票有效期不能到达到站时，应根据折返站至正当到站间的里程，重新计算通票有效期。

3. 因站名相似或口音不同发生误售、误购时，站、车均应积极主动处理。应补收时，补收正当到站票价与已收票价的差额，收回原票。换发代用票。应退还时，凭原票和客运记录乘车至到站退款。

4. 旅客因误售、误购、误乘或坐过了站需送回时，列车长应编制客运记录交前方停车站。车站应在车票背面注明"误乘"并加盖站名戳，指定最近列车免费返回。在免费送回区间，站车均应告之旅客不得自行中途下车。如中途下车，对往返乘车的免费区间，按返程所乘列车等级分别核收往返区间的票价，核收一次手续费。

二、处理方法

1. 事由栏

误购。

2. 查里程

通辽 $\xrightarrow{651\ km}$ 迁安（经新、大、锦）。

3. 计算票价

空调硬座普快票价：91.00 元

实际到站应补票价差：91.00－32.50＝58.50（元）

4. 有效期

至 2016 年 7 月 2 日 24 时止。

5. 记事栏

填记"收回原票　交工农湖免费返回通辽"。

代用票填写如图 38 所示。

列车长编制客运记录交前方停车站工农湖站，旅客免费返回通辽站。

D000035

哈 尔 滨 铁 路 局

代 用 票

2016 年 7 月 1 日乙（旅客）

事由	误购

原票	种 别	日期	2016年7月1日	座别	硬
		号码	B004387	经由	
	客快	发站	通辽	票价	32.50
		到站	乾安	记事	

自 通辽 站至 迁安 站	经由	新、大、锦
	全程	651 千米

加收 至 间 票价	
补收 通辽 至 迁安 间 客快 票价 差	58.50
限乘当日第 1801 次列车	客票票价
于 7 月 2 日到达有效	快票价

座别	人 数		卧票价
硬	全 价	壹	手续费
	半 价	#	
	儿 童	#	合 计	58.50

记事	收回原票 交工农湖免费送回通辽

哈 齐齐哈尔 段第 1801 次列车列车长 ⊙印
站售票员 ⊙印

右侧数字栏：
9 8 7 6 5 4 3 2 1 拾元
9 8 7 6 5 4 3 2 1 佰元
9 8 7 6 5 4 3 2 1 仟元

D000035

注意事项 ①核收票价与剪断线不符时，按无效处理（不足 10 元的除外，超过万元的保留最高额）。
②撕角、补贴、涂改即作无效。

D000035

图 38 代用票填写样例

实例 36　误售、误购，免费返回中途下车

(《客规》41 条,《细则》37 条)

2016 年 7 月 1 日,新空普快 1801 次(昌平北—齐齐哈尔)列车巨宝站开车后,验票发现一名旅客因口音不清误购(售)通辽至乾安空调硬座普快票(票号 B004387,票价 32.50 元),其正当到站是津山线上的迁安站。列车长处理(票号 D000035,票价 91.00 元)后,编制客运记录交前方停车站工农湖站。该旅客 19:28 从工农湖站乘当日新空普快 1802 次(齐齐哈尔—昌平北)列车免费返回,在中途太平川站 20:22 下车,次日乘 15:02 新空快速 K958 次(白城—青岛北)列车返回通辽站时,被列车验票发现。列车如何处理?

一、处理依据

1. 因误售、误购或误乘需送回时,承运人应免费将旅客送回。在免费送回区间,旅客不得中途下车。如中途下车,对往返乘车区间补收票价,核收手续费。

2. 旅客因误售、误购、误乘或坐过了站需送回时,列车长应编制客运记录交前方停车站。车站应在车票背面注明"误乘"并加盖站名戳,指定最近列车免费返回。在免费送回区间,站车均应告之旅客不得自行中途下车。如中途下车,对往返乘车的免费区间,按返程所乘列车等级分别核收往返区间的票价,核收一次手续费。

二、处理方法

1. 事由栏

中途下车。

2. 查里程

通辽 $\xrightarrow{187km}$ 工农湖。

3. 计算票价

(1)票价:

往程:空调硬座普快票价:25.50 元

返程:空调硬座普快票价:25.50 元

(2)手续费:2.00 元

(3)合计:25.50＋25.50＋2.00＝53.00(元)

4. 记事栏

填记"误购　免费返回　中途下车　收回原票"。

代用票填写如图 39 所示。

太平川站应填写客运运价杂费收据,填写实例见实例 94。

D000036

沈阳铁路局

代 用 票

2016 年 7 月 2 日乙（旅客）

事由	中途下车

原票	种　别		日期	2016年7月1日	座别	硬
	客快		号码	D000035	经由	新、大、锦
			发站	通辽	票价	91.00
			到站	迁安	记事	

自 通辽 站至 迁安 站	经由	新、大、锦
	全程 651/187 千米	

加收	至	间	票价	
补收 工农湖 至 通辽 间 往返区间 票价				51.00
限乘当日第 K958 次列车		客票票价		
于 当日当次月 日到达有效		快票价		
座别	人　数	卧票价		

硬	全 价	壹	手续费	2.00
	半 价	#		
	儿 童	#	合 计	53.00

记事	误购　免费送回　中途下车　收回原票

沈　长春 段第 K958 次列车列车长 〔沈局 ×××〕〔印〕

站售票员 〔长春段〕〔印〕

注意事项　①核收票价与剪断线不符时，按无效处理
（不足 10 元的除外，超过万元的保留最高额）。
②撕角、补贴、涂改即作无效。

D000036

D000036

| 9 |
| 8 |
| 7 |
| 6 |
| 5 |
| 4 |
| 3 |
| 2 |
| 1 |
| 拾元 |

| 9 |
| 8 |
| 7 |
| 6 |
| 5 |
| 4 |
| 3 |
| 2 |
| 1 |
| 佰元 |

| 9 |
| 8 |
| 7 |
| 6 |
| 5 |
| 4 |
| 3 |
| 2 |
| 1 |
| 仟元 |

图 39　代用票填写样例

实例 37　旅客丢失车票

（《客规》43 条，《细则》38、39 条）

2016 年 7 月 1 日，新空普快 2589 次（北京—松原，经新）列车大虎山站开车后，一名旅客向列车长声明，其所持当日当次锦州至通辽硬座车票丢失，经查情况属实，但不符合挂失补条件。列车如何处理？

一、处理依据

1. 旅客丢失车票应另行购票。在列车上应自丢失站起（不能判明时从列车始发站起）补收票价，核收手续费。旅客补票后又找到原票时，列车长应编制客运记录交旅客，作为在到站出站前向到站要求退还后补票价的依据。退票核收退票费。

2. 旅客丢失车票另行购票时，车站另发新票。列车上补票时，注明丢失。由于站车工作人员工作失误，造成旅客车票丢失时，站车均应填发代用票，在记事栏内注明"因××原因丢失"，将款额剪断线全部剪下随丙联上报。

3. 旅客丢失车票另行补票后又找到原票时，列车长应编制客运记录，连同原票和后补车票一并交给旅客，作为旅客在到站出站前退还后补车票的依据。列车长与车站办理交接时，车站不得拒绝。处理站在办理时，填写退票报告，并核收退票费，列车长编制的客运记录随报告联一并上报。

二、处理方法

1. 事由栏

丢失。

2. 查里程

大虎山 $\overset{256km}{\longrightarrow}$ 通辽（经新）。

3. 计算票价

(1)空调硬座普快票价：35.50 元

(2)手续费：2.00 元

(3)合计：35.50＋2.00＝37.50(元)

4. 记事栏

填记"旅客自述因××原因原票丢失　原票为锦州至通辽　身份证号××××××××××××××××××"。

代用票填写如图 40 所示。

D000037

沈 阳 铁 路 局

🚆 代 用 票

2016 年 7 月 1 日乙（旅客）

事由	丢失

	种 别	日期	年 月 日	座别	
原		号码		经由	
票		发站		票价	
		到站		记事	

自 大虎山 站至 通辽 站	经由 新
	全程 256 千米

加收 至 间 票价	
补收 至 间 票价	
限乘当日第 2589 次列车	客票票价
于 当日当次月 日到达有效	客快票价 35.50
座别 人 数	卧票价

硬	全 价	壹	手续费	2.00
	半 价	#		
	儿 童	#	合 计	37.50

记事	旅客自述因×××原因原票丢失 原票为锦州至通辽 身份证号 ******************

沈 锦州 段第 2589 次列车列车长 （沈局 ××× 锦州段）印

站售票员 印

D000037

注意事项
①核收票价与剪断线不符时，按无效处理（不足 10 元的除外，超过万元的保留最高额）。
②撕角、补贴、涂改即作无效。

D000037

右侧数字列：
拾元：9 8 7 6 5 4 3 2 1
佰元：9 8 7 6 5 4 3 2 1
仟元：9 8 7 6 5 4 3 2 1

图 40 代用票填写样例

实例38 列车员保管车票丢失

（《细则》38条）

2016年7月1日，新空快速K1189次（北京—乌兰浩特）列车13号硬卧车列车员不慎将8号下铺一名旅客赤峰至白城的空调硬座快速卧票（下）（经由通、太）丢失。列车如何处理？

一、处理依据

由于站车工作人员工作失误，造成旅客车票丢失时，站车均应填发代用票，在记事栏内注明"因××原因丢失"，将款额剪断线全部剪下随丙联上报。

站、车工作人员应提出丢失车票书面理由，并编写客运记录随同填发的代用票报告页上报。

在原票栏根据旅客自述或根据列车终端（即"铁路客运站车无线交互系统"）填记。

二、处理方法

1. 事由栏

丢失。

2. 查里程

赤峰$\xrightarrow{620\ km}$白城（经通、太）。

3. 计算票价

空调硬座快速卧（下）票价：161.00元

4. 记事栏

填记"原票列车员丢失　13车8号下　身份证号✕✕✕✕✕✕✕✕✕✕✕✕✕✕✕✕✕✕"。

注：车站工作人员发生丢失旅客车票，按照本例办理。

代用票填写如图41所示。

D000038

沈阳铁路局

代 用 票

2016 年 7 月 1 日乙（旅客）

原票	种 别	日期	2016年7月1日	座别	硬
		号码		经由	通、太
	客快卧	发站	赤峰	票价	161.00
		到站	白城	记事	13车8下

| 自 赤峰 站至 白城 站 | 经由 | 通、太 |
| | 全程 | 620 千米 |

| 加收 | 至 | 间 | 票价 |
| 补收 | 至 | 间 | 票价 |

限乘当日第 K1189 次列车	客票票价
于 当日当次 月 日到达有效	快票价
座 别 人 数	卧票价

硬	全 价	壹	手续费
	半 价	#	
	儿 童	#	合 计

| 记事 | 原票列车员丢失 13车8号下 身份证号 ******************** |

沈 长春 段第 K1189 次列车列车长
站售票员

沈局
×××
长春段

印 印

注意事项
①核收票价与剪断线不符时，按无效处理
（不足10元的除外，超过万元的保留最高额）。
②撕角、补贴、涂改即作无效。

事由 丢失

D000038

9 8 7 6 5 4 3 2 1 拾元
9 8 7 6 5 4 3 2 1 佰元
9 8 7 6 5 4 3 2 1 仟元

D000038

图 41 代用票填写样例

实例 39　短途卧铺票价优惠

（铁运电〔2009〕25 号）

2016 年 7 月 1 日，新空快速 K7347 次（山海关—大连）列车盘锦站开车（开车时间 9:21）后，有一名旅客持当日当次盘锦至大连硬座车票（票号 B002391，票价 51.50 元），要求由盘锦购买硬卧（列车有空余 10 车 15 号下）至大连站。列车如何处理？

一、处理依据

根据《关于短途卧铺票价优惠办法的通知》（铁运电〔2009〕25 号）的规定，400 km 内卧铺票价优惠办法如下：

（1）优惠条件

列车运行最后一日（含当日运行）6:00 以后的空闲卧铺可以执行卧铺优惠票价。

（2）卧铺优惠票价计算

200 km 内硬卧（上、中、下铺）优惠票价按照该次列车对应硬座票价的 170% 计算，软卧（上、下铺）优惠票价按照该次列车对应硬座票价的 270% 计算。

200 km 至 400 km 间硬卧（上、中、下铺）优惠票价按照该次列车对应硬座票价的 158% 计算，软卧（上、下铺）优惠票价按照该次列车对应硬座票价的 258% 计算。

票价计算均以联合票价为基准。已享受半价卧铺票的旅客不再享受以上优惠。

（3）实行优惠的卧铺车票要在票面记载"㊀折"字样。

二、处理方法

本例符合短途卧铺优惠车次及优惠区段。

发售时，一律使用代用票，事由栏填写"优硬卧"或"优软卧"，并注明车厢号、铺位号及"㊀折"字样。

1. 事由栏

优硬卧。

2. 查里程

盘锦$\overset{349\ km}{\text{——}}$大连。

3. 计算票价

（1）空调硬座快速票价：51.50 元

列车补卧票价：

短途卧铺优惠票价＝联合票价×（优惠幅度－1）＝51.50×（158%－1）≈30.00（元）

（2）手续费：5.00 元

（3）合计：30.00＋5.00＝35.00（元）

4. 记事栏

填记"㊀折　10 车 15 号下　随同原票使用有效"。

代用票填写如图 42 所示。

D000039

沈 阳 铁 路 局

代 用 票

2016 年 7 月 1 日乙（旅客）

事由　优硬卧

原票	种 别	日期	年 月 日	座别	
		号码		经由	
		发站		票价	
		到站		记事	

自 盘锦 站至 大连 站	经由	
	全程 349 千米	

加收 至 间 票价	
补收 至 间 票价	

限乘当日第 K7347 次列车　客票票价

于 当日当次 月 日到达有效　快票价

座 别	人 数	卧票价	30.00
硬	全 价	壹	手续费	5.00
	半 价	#		
	儿 童	#	合 计	35.00

记事　折 10车15号下　随同原票使用有效

沈　锦州 段第 K7347 次列车列车长　沈局×××锦州段 印印
站售票员

D000039

注意事项
① 核收票价与剪断线不符时，按无效处理（不足 10 元的除外，超过万元的保留最高额）。
② 撕角、补贴、涂改即作无效。

图 42　代用票填写样例

实例 40　借用硬席乘车证

（《铁路乘车证管理办法》第 42 条）

2016 年 7 月 1 日，新空特快 T309 次（沈阳—齐齐哈尔）列车四平站开车后（前方停车站公主岭），验票发现哈尔滨房产段工人王建成借用本单位职工李建国哈尔滨至沈阳往返硬席乘车证（YXa001456，壹人），有效期 2016 年 6 月 5 日至 7 月 5 日。列车如何处理？

一、处理依据

1. 违章使用乘车证，如在票面上加添、涂改、转借、超过有效期限或有效区间乘车，未持规定的有关证明、证件或持伪造证明、证件的均按无票处理，要查扣其乘车证及有关证件。此外，单位还应追究其行政责任。对持用伪造乘车证者，一经发现，应立即查扣，并移交公安机关依法处理。超出规定条件使用乘车证者，也按违章使用处理。

2. 违章使用乘车证均要按所乘旅客列车的等级、席别、铺别、区间（单程或往返）及票面填写人数按照《客规》规定补收和加收票款。

3. 乘车证使用过程中发现的违章事项，当时处理不了的，由站、车编制客运记录，连同查扣的乘车证及有关证件报本铁路局收入稽查处，由铁路局依据规定向违章职工单位发函并追补应收票款和罚款。

4. 事由栏填写：借用；原票栏：转记乘车证内容；记事栏注明：收回原票，随×号客运记录上报局收入处，借用人单位、姓名。

二、处理方法

1. 事由栏

借用。

2. 查里程

沈阳$\overset{542\ km}{\rule{2cm}{0.4pt}}$哈尔滨西。

加收已乘区间：沈阳$\overset{241\ km}{\rule{2cm}{0.4pt}}$公主岭。

3. 计算票价

（1）票价：

应补沈阳至哈尔滨西空调硬座特快往返票价：75.00×2＝150.00（元）

加收沈阳至公主岭：40.50×50%≈20.50（元）

（2）手续费：2.00 元

（3）合计：150.00＋20.50＋2.00＝172.50（元）

4. 记事栏

填记"哈房王建成（身份证号＊＊＊＊＊＊＊＊＊＊＊＊＊＊＊＊＊＊）借用　收回原票　随×号客运记录上报局收入处"。

代用票填写如图 43 所示。

D000040

沈阳铁路局

代　用　票

2016　年　7　月　1　日乙（旅客）

事由	借用

D000040

原票	种　别	日期	2016年 6/7 月 5 日	座别	硬
	硬席往返	号码	YYa001456	经由	
		发站	哈尔滨	票价	
		到站	沈阳	记事	哈房李建国

自　　沈阳　站至　哈尔滨西　站	经由	
	全程 542/241 千米	

加收　沈阳　至　公主岭　间　应补　票价50%	20.50
补收 哈尔滨西至　沈阳　间　往返　票价	150.00

限乘当日第　T309　次列车	客票票价	
于 当日当次月　　日到达有效	快票价	

座　别	人　　　数	卧票价	
硬	全　价	壹	手续费	2.00
	半　价	#		
	儿　童	#	合　计	172.50

记事	哈房王建成(身份证号******************)借用　收回原票 随×号客运记录上报局收入处

沈　沈阳　段第　T309　次列车列车长　沈局 ××× 印
站售票员　沈阳段 印

9 8 7 6 5 4 3 2 1　拾元
9 8 7 6 5 4 3 2 1　佰元
9 8 7 6 5 4 3 2 1　仟元

注意事项
①核收票价与剪断线不符时，按无效处理
（不足 10 元的除外，超过万元的保留最高额）。
②撕角、补贴、涂改即作无效。

D000040

图 43　代用票填写样例

实例 41　借用硬席临时定期乘车证

（《铁路乘车证管理办法》第 42 条）

2016 年 7 月 1 日，新空快速 K1230 次（齐齐哈尔—大连）列车公主岭站开车后（前方停车站四平站），验票发现沈阳中兴大厦职工王芳借用沈阳水电段工程师王建沈阳至长春硬席临时定期乘车证（YLa063641），有效期 2016 年 6 月 20 日至 8 月 20 日。列车如何处理？

一、处理依据

1. 违章使用乘车证，如在票面上加添、涂改、转借、超过有效期限或有效区间乘车，未持规定的有关证明、证件或持伪造证明、证件的均按无票处理，要查扣其乘车证及有关证件。此外，单位还应追究其行政责任。对持用伪造乘车证者，一经发现，应立即查扣，并移交公安机关依法处理。超出规定条件使用乘车证者，也按违章使用处理。

2. 违章使用乘车证均要按所乘旅客列车的等级、席别、铺别、区间（单程或往返）及票面填写人数按照《客规》规定补收和加收票款，下列乘车证还应按票面记载的席别、区间，按照下列计算方法加收罚款：

（1）定期通勤乘车证，按票面填写乘车区间，自有效月份起至发现违章月份止，按每月一次往返的里程计算。

（2）全年定期乘车证、临时定期乘车证、通勤（学）乘车证，从有效日期（过期的从有效期终了的次日）至发现违章日期止，票面填写的乘车区间在一个铁路局以内的，按每日乘车50 km 计算票价；乘车区间跨铁路局的，按每日乘车 100 km 计算票价，计算后低于 50 元的按 50 元核收。

（3）发现其他违章行为的，均按《客规》的规定相应处理。

3. 乘车证使用过程中发现的违章事项，当时处理不了的，由站、车编制客运记录，连同查扣的乘车证及有关证件报本铁路局收入稽查处，由铁路局依据规定向违章职工单位发函并追补应收票款和罚款。

二、处理方法

1. 事由栏

借用。

2. 查里程

沈阳 $\overset{303\ km}{=\!=\!=\!=}$ 长春。

加收已乘区间：长春 $\overset{115\ km}{=\!=\!=\!=}$ 四平。

3. 计算票价

（1）票价：

应补沈阳至长春空调硬座快速往返票价：$46.50 \times 2 = 93.00$（元）

加收沈阳至四平：$18.50 \times 50\% \approx 9.50$（元）

按每日乘车 50km 计算票价，6 月 20 日至 7 月 1 日为 12 日：

50km 空调硬座快速票价：11.00 元

罚款：$11.00 \times 12 = 132.00$（元）

（2）手续费：2.00 元

（3）合计：$93.00 + 9.50 + 132.00 + 2.00 = 236.50$（元）

4. 记事栏

填记"哈房王芳(身份证号××××××××××××××××××××)借用　收回原票　随×号客运记录上报局收入处"。

代用票填写如图 44 所示。

D000041

沈 阳 铁 路 局

代　用　票

2016 年 7 月 1 日乙（旅客）

原票	种　别	日期	2016年 6/8 月 20/20 日	座别	硬
	硬席临时定期	号码	YLa063641	经由	
		发站	沈阳	票价	
		到站	长春	记事	沈水电王建

| 自 | 长春 | 站至 | 沈阳 | 站 | 经由 | |
| | | | | | 全程 303/115 千米 | |

| 加收 | 长春 | 至 | 四平 | 间 | 应补 | 票价50% | 9.50 |
| 补收 | 长春 | 至 | 沈阳 | 间 | 往返 | 票价 | 93.00 |

限乘当日第　K1230　次列车　　客票票价

于 当日当次 月　　　日到达有效　　快票价

座　别	人	数	卧票价	
硬	全　价	壹	手续费	2.00
	半　价	#	罚款	132.00
	儿　童	#	合　计	236.50

| 记事 | 中兴大厦王芳(身份证号××××××××××××××××××××)借用　收回原票 随×号客运记录上报局收入处 |

沈　长春　段第 K1230 次列车列车长　（沈局 ×× 印）

站售票员　（长春段 印）

注意事项

①核收票价与剪断线不符时,按无效处理(不足 10 元的除外,超过万元的保留最高额)。

②撕角、补贴、涂改即作无效。

D000041

（右侧数字栏）
拾元 9 8 7 6 5 4 3 2 1
佰元 9 8 7 6 5 4 3 2 1
仟元 9 8 7 6 5 4 3 2 1

D000041

图 44　代用票填写样例

实例 42   硬席临时定期乘车证变软卧

2016 年 7 月 1 日,新空普快 2550 次于(鞍山—北京)鞍山站开车后,北京工务段工长李忠持用北京至大连硬席临时定期乘车证(YLa003215),有效期 5 月 21 日至 7 月 20 日,要求乘坐软卧(列车有空余 16 车 21 号)。列车如何处理?

一、处理依据

1. 持铁路乘车证要求变更座别、铺别时,比照一般旅客办理。

2. 符合使用卧铺条件,应核收软、硬座和软、硬卧(中)票价差额(如已签证按实际铺位办理),核收手续费。

3. 事由栏填写:变座变卧。原票栏:转记乘车证内容,不收原票。记事栏注明:车厢号、铺位号及"随原票使用有效"字样。

二、处理方法

1. 事由栏

变座变卧。

2. 查里程

鞍山$\xrightarrow{707\ km}$北京(经海、秦)。

3. 计算票价

(1)票价:

①变座

空调软座普快票价:142.00 元

空调硬座普快票价:86.00 元

软硬座票价差:142.00－86.00＝56.00(元)

②变卧

空调软卧(下)票价:121.00 元

空调硬卧(中)票价:78.00 元

软硬卧票价差:121.00－78.00＝43.00(元)

(2)手续费:2.00 元

(3)合计:56.00＋43.00＋2.00＝101.00(元)

4. 记事栏

填记"随乘车证使用有效　16 车 21 号"。

代用票填写如图 45 所示。

D000042

沈阳铁路局

代 用 票

2016 年 7 月 1 日乙（旅客）

事由	变座 变卧

原票	种别	日期	2016年 5/7 月 21/20 日	座别	硬
	硬席 临时 定期	号码	YLa003215	经由	
		发站	北 京	票价	
		到站	大 连	记事	京工李忠

自 鞍山 站至 北京 站	经由	海、泰
	全程	707 千米

补加收 鞍山 至 北京 间 软硬座 票价差	56.00
补收 鞍山 至 北京 间 软硬座 票价差	43.00

限乘当日第 2550 次列车	客票票价	
于 当日当次 月 日到达有效	快票价	
座别 人 数	卧票价	

软	全价	壹	手续费	2.00
	半价	#		
	儿童	#	合计	101.00

记事	随原乘车证使用有效 16年21号

沈 锦州 段第 2550 次列车列车长

站售票员

沈局 ××× 锦州段 印 印

注意事项
①核收票价与剪断线不符时，按无效处理（不足 10 元的除外，超过万元的保留最高额）。
②撕角、补贴、涂改即作无效。

D000042

D000042

9 8 7 6 5 4 3 2 1 拾元

9 8 7 6 5 4 3 2 1 佰元

9 8 7 6 5 4 3 2 1 仟元

图 45 代用票填写样例

实例 43 军运后付

（《铁路军事运输计费付费办法》第 32 条 2 款）

2016 年 7 月 1 日，丹东站办理×××部队 0129998 号后付凭证（军运号码 088402，付费号码 218），硬卧 3 辆（YW$_{25K}$670147、670151、670148，定员 66 人），硬座 2 辆（YZ$_{25K}$345574、344729 定员 128 人），用×××次列车挂运。车站如何处理？

一、处理依据

"铁路军运后付客票"乙丙联按照 1 批 1 票填写，特殊军事运输和重点军事运输不填写"到站"栏，按照《科学尖端保密产品、国防保密物资运输警卫工作规定》办理或者总部、军区联勤部军事交通运输部有明确要求的，不填写"发站"栏、"到站"栏，右上方注明"军运后付"字样，在下方"记事"栏注明军运号码、席别、席数和始乘日期，加盖无站名经办人印章。旅客列车人员运输客票乙联，由铁路客运部门交乘车部队作为乘车凭证；非旅客列车人员运输客票乙联，用票据封套签封后交列车工作人员带至到站留存；中途换乘的，客票乙联由铁路客运部门交部队凭此换乘；客票丙联由发站按照日汇总，并随"铁路军运费后付凭证"报送铁路局；始发站不办理客运的人员运输或者人员、物资一起运输，后付客票由货运部门填制。

二、处理方法

在"铁路军运费后付凭证"背面"使用车辆记录栏"的"吨位"栏填记客车定员。

1. 事由栏

后付。

2. 记事栏

填记"军运号码 088402　付费号码 218　后付凭证号码 0129998"。

代用票填写如图 46 所示。

D000043

沈 阳 铁 路 局
代　用　票

2016　年　7月　1日乙（旅客）

事由	后付

	种别	日期	年　　月　　日	座别	
原票		号码		经由	
		发站		票价	
		到站		记事	
自　丹东　站至　　　　站				经由	
				全程	千米
补收　　至　　　间			车种	票价	车号　定员
补收　　至　　　间			YW₂₅ₖ	票价	670147　66
限乘当日第　　　次列车				YW₂₅ₖ客票票价	670151　66
于　　月　　日到达有效				YW₂₅ₖ快票价	670148　66
座别　　人　数				YZ₂₅ₖ卧票价	345574　128
全价				YZ₂₅ₖ手续费	344729　128
半价					
儿童			合计		
记事	军运号码088402　付费号码218　后付凭证号码0129998				
沈　段第　　　次列车列车长　　XXX　印					印
丹东　站售票员					

注意事项：①报告页随付费凭证一并报局收入稽查处。

图 46　代用票填写样例

实例 44 软卧变高包

(《客规》35 条 2 款,《细则》32 条)

2016 年 7 月 1 日,一名旅客持新空快速 K54 次(沈阳北—北京)列车沈阳北至北京的空调软座快速卧票(B000371,14 车 7 号),沈阳北站开车后要求乘坐软卧高包(列车有空余 16 车 9 号)。列车如何处理?

一、处理依据

1. 旅客办理中转签证或在列车上办理补签、变更席(铺)位时,签证或变更后的车次、席(铺)位票价高于原票价时,核收票价差额;签证或变更后的车次、席(铺)位票价低于原票价时,票价差额部分不予退还。

列车上办理时,核收手续费。

2. 旅客在列车上要求办理变更座位、铺位时,在列车有能力的情况下应当予以办理。需补收差价时,发售一张补价票,随同原票使用有效。

3. 旅客软卧变更高包时,应核收变更区间的票价差额(高包与软座、高包卧与软卧的票价差),核收手续费。

二、处理方法

1. 事由栏

变座变卧。

2. 查里程

沈阳北$\overset{727\text{ km}}{\rule{2em}{0.4pt}}$北京。

3. 计算票价

(1)票价:

①变座

空调高包软座快速票价:315.00 元

空调软座快速票价:154.00 元

高包软座与软座票价差:315.00-154.00=161.00(元)

②变卧

空调高包卧(下)票价:238.00 元

空调软卧(下)票价:121.00 元

高包卧与软卧票价差:238.00-121.00=117.00(元)

(2)手续费:2.00 元

(3)合计:61.00+117.00+2.00=280.00(元)

4. 记事栏

填记"收回原票 16 车 9 号"。

代用票填写如图 47 所示。

D000044

沈阳铁路局

代 用 票

2016 年 7 月 1 日乙（旅客）

D000044

原票	种别	日期	2016年7月1日	座别	软
		号码	B000371	经由	
	客快卧	发站	沈阳北	票价	275.00
		到站	北京	记事	14车7号

| 自 | 沈阳北 | 站至 | 北京 | 站 | 经由 | |
| | | | | | 全程 | 727 千米 |

| 补加收 | 沈阳北 | 至 | 北京 | 间 | 高包软座与软座 | 票价差 | 161.00 |
| 补收 | 沈阳北 | 至 | 北京 | 间 | 高包卧与软卧 | 票价差 | 117.00 |

限乘当日第 K54 次列车	客票票价	
于 当日当次 月 日到达有效	快票价	
座别 人 数	卧票价	

软	全价	壹	手续费	2.00
	半价	#		
	儿童	#	合计	280.00

| 记事 | 收回原票 16车9号 |

沈 沈阳 段第 K54 次列车列车长　沈局×××印

站售票员　沈阳段印

拾元 9 8 7 6 5 4 3 2 1
佰元 9 8 7 6 5 4 3 2 1
仟元 9 8 7 6 5 4 3 2 1

注意事项
①核收票价与剪断线不符时，按无效处理（不足10元的除外，超过万元的保留最高额）。
②撕角、补贴、涂改即作无效。

D000044

图 47　代用票填写样例

实例 45　包　　车

（《客规》100 条，《细则》97～100 条，《价规》27、37、40 条）

本钢团体旅客 70 人，其中大人 54 人，儿童 16 人（身高 1.2～1.4 m），包用硬卧车一辆。根据本钢全程路程单，沈阳局客调命令 72019，准予本钢团体旅客于 2016 年 7 月 1 日，在本溪站乘坐新空普快 2258 次（丹东—北京）列车由丹东空送本溪的硬卧车（YW$_{25G}$ 667429，定员 66 人），并于 7 月 2 日 5:30 到承德站甩下停留，7 月 4 日 5:45 挂新空普快 2252 次列车去北京站，同日 12:15 挂新空普快 2251 次列车空送至丹东站。本溪站如何处理？

一、处理依据

1. 包车人改变或取消用车计划时，应向承运人缴付延期使用费或停止使用费；因包用车辆自其他站向用车站调运车辆产生空驶时，还应缴付空驶费。承运人违约时应双倍返还定金。

包车人在中途站、折返站要求停留时，应缴付停留费。请求延长使用时，由中途变更站报请上一级主管部门批准后核收运输费用。缩短使用时，已收费用不退。

2. 包车停留费是指包用人要求在发站、中途站、折返站停留时应付的费用。由于车辆换挂接续列车或铁路指定开车时间所产生的停留时间不收停留费。停留费按日计算，自 0 时起至 24 小时为一日，不足 12 小时按半日计算。停留时间以列车到达时刻至开车时刻为准。

3. 空驶费是指在包用人指定日期内乘车站没有所需车辆，需从外站向乘车站调送车辆以及使用完毕后将车辆回送至原车辆所在站或单程使用后由到站回送车辆所在站所产生的费用。空驶费按最短径路并全程通算。

4. 办理包车不受加挂列车终到站及往返乘车限制。车票有效期按所提路程单日期计算。

5. 包车单位在未交付运费前取消用车计划时，定金不退。交付运费后取消用车计划时，应核收因调运车辆产生的空驶区间空驶费和停止使用费。应核收的空驶费和停止使用费均填写"客杂"。

6. 包车时按下列标准，根据运行里程（娱乐车、餐车根据使用日数）核收票价、运费、使用费：

（1）客车和合造车的客车部分，按客车种别、定员核收全价客票票价。成人与儿童（含享受减价优待的学生、伤残军人）混乘一辆车，人数不足时，按定员核收全价客票票价；实际乘车人数超过定员时，对超过人数按实际分别核收全价或半价客票票价。

（2）卧车按种别、定员核收客票及卧铺票的全价票价。

（3）娱乐车、餐车使用费每日每辆 5 000 元，餐车合造车每日每辆 2 500 元（不足 1 d 按 1 d 核收）。

（4）行李车和合造车的行李车部分，按车辆标记载重核收行李或包裹运费。用棚车代用行李车时，按行李或包裹的实际重量核收行李或包裹运费，起码计费重量按标记载重的三分之一计算（不足 1 t 的尾数进整为 1 t）。行李、包裹混装时，按其中运价高的核收。

（5）包用的客车、公务车加挂在普通快车、特别快车列车上或加开的专用列车、豪华列车按上述等级速度运行时，都应根据核收客票票价人数核收相应的加快票价；途中发生中转换挂（或开行）不同列车等级时，按首次挂运（或开行）的列车等级核收加快票价。

（6）包用车辆使用空调设备时，还应按核收客票票价的人数核收空调费。娱乐车、餐车的空调费按使用费的 25% 计算。

（7）包车全部运行途中，里程采取通算。

7. 包车时，根据包车人提出的全程路程单，对要求在发站、中途站、折返站停留（因换挂接续列车除外），按下列标准核收包车停留费，在停留当日不足 12 h 的减半核收。

（1）娱乐车、餐车，每日每辆 5 000 元；餐车合造车，每日每辆 2 500 元。

（2）公务车、高级软卧，每日每辆 3 300 元。

（3）软座车、软卧车、软硬卧车、硬卧车、软座硬卧合造车，每日每辆 1 800 元。

（4）硬座车、行李车、软硬座合造车、行李邮政车、软座行李合造车、硬座行李合造车，每日每辆 1 400 元。

包用娱乐车、餐车，一日内同时发生停留费、使用费两项费用时只收一项整日费用。

8. 包用的车辆，自车辆所在站向乘车（装运）站空送时起至回送至车辆原所在站止，产生空驶时，对空驶区段（里程按最短径路并采取通算），不分车种，每车每千米核收 3.458 元的空驶费，但棚车不核收空驶费。

二、处理方法

1. 事由栏

包车。

2. 查里程

本溪$\overset{982\ km}{\rule{2cm}{0.4pt}}$北京。

空驶费里程：丹东$\overset{193\ km}{\rule{1.5cm}{0.4pt}}$本溪＋北京$\overset{977\ km}{\rule{1.5cm}{0.4pt}}$丹东（最短径路，即北京$\overset{167\ km}{\rule{1.5cm}{0.4pt}}$狼窝铺$\overset{143\ km}{\rule{1.5cm}{0.4pt}}$山海关$\overset{234\ km}{\rule{1.5cm}{0.4pt}}$盘锦北$\overset{106\ km}{\rule{1.5cm}{0.4pt}}$海城$\overset{61\ km}{\rule{1.5cm}{0.4pt}}$辽阳$\overset{73\ km}{\rule{1.5cm}{0.4pt}}$本溪$\overset{193\ km}{\rule{1.5cm}{0.4pt}}$丹东），合计 1 170 km。

3. 计算票价

（1）空调硬座客快票价：7 719.00 元

其中全价：113.50×66＝7 491.00（元）

半价：57.00×4＝228.00（元）

（2）硬卧票价：6 710.00 元：

其中上铺：94.00×22＝2 068.00（元）

中铺：102.00×22＝2 244.00（元）

下铺：109.00×22＝1 628.00（元）

（3）包车停留费：1 800.00×2.5＝4 500.00（元）

（在承德站停留 7 月 2 日 1 d，3 日 1 d，4 日不足 12 h，减半按 0.5 d，合计 2.5 d）

（4）合计：7 719.00＋6 710.00＋4 500.00＝18 929.00（元）

4. 记事栏

填记"沈阳局客调命令 72019 号，YW25G 667429，定员 66 人。本钢包车于 7 月 2 日 5：30 到承德甩下停留，7 月 4 日 5：45 挂 2252 次列车去北京，票款合计：壹万捌仟玖佰贰拾玖元整"。

代用票填写如图 48 所示。

本溪还应用客运运价杂费收据核收下列空驶费：

3.458×1 170×1＝4 045.90（元）

填写实例见实例104。

本钢应向本溪站支付的费用总数为 18 929.00 元（代用票）＋4 045.90（客杂）＝22 974.90（元）。

图 48　代用票填写样例

实例 46 线路中断，绕道运输中途下车后改乘其他列车

（《客规》108 条，《细则》105 条）

2016 年 6 月 30 日，新空快速 K7347 次（山海关—大连）列车，因盘锦地区发生水害线路中断，铁路组织 K7347 次列车绕道沈阳站运行。一名乘该次列车的旅客（票号 A003867）自行在沈阳站下车，于 7 月 1 日持原票乘新空快速 K7334 次（延吉—大连）列车去大连站，鞍山站开车后（前方停车站海城站）验票发现。列车如何处理？

一、处理依据

1. 铁路组织原列车绕道运输时，旅客原票不补不退，但中途下车即行失效。

旅客自行绕道按变径办理。

线路中断后，旅客买票绕道乘车时，按实际径路计算票价。

2. 对旅客车票按如下规定处理：

(1)停止运行站和被阻列车应在车票背面注明"日期、原因、返回××站"字样或贴同样内容的小条，加盖站名戳或列车长名章，作为旅客免费返回发站或中途站办理退票或改签的凭证。

(2)在发站或由中途站返回发站停止旅行时，退还全部票价，其中包括在列车上补购的车票，但罚款、手续费和携带品超重、超大补收的费用不退。已使用至到站的车票不退。

(3)铁路组织已购票的被阻旅客乘原列车绕道运输时持原票有效。组织旅客换乘其他列车绕道运输，车站应为旅客办理签证手续，在车票背面注明"因××绕道××站（线）乘车"并加盖站名戳。绕道运输乘坐原座别、铺别时票价不补不退，变更座别、铺别时，补收或退还差额。中途下车车票失效。

二、处理方法

该旅客中途下车车票失效，按无票处理。

1. 事由栏

无票。

2. 查里程

沈阳$\overset{397\ km}{———}$大连。

已乘区间：沈阳$\overset{125\ km}{———}$海城。

3. 计算票价

(1)票价：

①沈阳至大连空调硬座快速票价：54.50 元

②加收已乘区间沈阳至海城空调硬座快速票价：19.50 元×50%≈10.00（元）

(2)手续费：2.00 元

(3)合计：54.50+10.00+2.00=66.50（元）

4. 记事栏

填记"绕道运输　中途下车　身份证号××××××××××××××××××"。

代用票填写如图 49 所示。

D000046

沈 阳 铁 路 局

代 用 票

2016 年 7 月 1 日乙（旅客）

事由	无票

D000046

原票	种 别	日期	年 月 日	座别
		号码		经由
		发站		票价
		到站		记事

自　沈阳　站至　大连　站	经由
	全程 397/125 千米

加收　沈阳　至　海城　间　应补　票价50%	10.00
补收　　至　　间　票价	

限乘当日第　K7334　次列车	客票票价	
于 当日当次 月　日到达有效	客快票价	54.50
座 别　人　　数	卧票价	

硬	全 价	壹	手续费	2.00
	半 价	#		
	儿 童	#	合 计	66.50

记事	绕道运输　中途下车　身份证号************************

沈　吉林　段第　K7334　次列车列车长

站售票员

沈局
×××
吉林段
印　印

9 8 7 6 5 4 3 2 1　拾元

9 8 7 6 5 4 3 2 1　佰元

9 8 7 6 5 4 3 2 1　仟元

注意事项　①核收票价与剪断线不符时，按无效处理（不足 10 元的除外，超过万元的保留最高额）。
②撕角、补贴、涂改即作无效。

D000046

图 49　代用票填写样例

实例 47　旅游列车

[《旅游列车开行管理办法》(铁运〔2007〕232 号)]

2016 年 3 月 19 日依沈阳局客调命令 71058 号：沈阳北站开 0Y128 次、葫芦岛—天津加开 Y128 次，3 月 20 日天津—深圳加开 Y104/1 次(深圳到后车底空送佛山)，3 月 25 日佛山—徐闻加开 Y116/7 次(到后徐闻—湛江加开 0Y118/5 次，徐闻 7∶30，塘口 9∶28/46，湛江 10∶05 到)。3 月 29 日湛江—桂林北加开 Y166 次，3 月 31 日桂林北—葫芦岛加开 Y158/5 次，4 月 2 日 21∶22 到葫芦岛站。列车编组：葫芦岛站开机次 YW1(宿)、YW5(60)、CA1、YW2(60)、RW4(32)，计 14 辆，车厢编号 1～13。限速 120km/h。葫芦岛站如何处理？

一、处理依据

1.“转发铁道部关于发布《旅游列车开行管理办法》(铁运〔2007〕232 号)的通知”(沈铁客发〔2008〕11 号)。

2.沈阳局开行旅游列车的客调命令。

3.旅游列车票价计算方式：先按运价里程计算出单人的分席别、分铺别、分票种票价，然后乘以 90% 并按《价规》规定处理尾数，再按标记定员人数分别计算分票种票价，最后加总。(摘自《关于明确旅游列车票价计算方式的通知》(客组电〔2008〕149 号)。

二、处理方法

载客列车编组：YW7(60)、RW4(32)

定员：

硬卧(上)20×7＝140(人)

硬卧(中)20×7＝140(人)

硬卧(下)20×7＝140(人)

软卧(上)16×4＝64(人)

软卧(下)16×4＝64(人)

合计：420＋128＝548(人)

票价表　　　　　　　　　　　　单位：元

里　程	硬座普快	软座普快	硬卧上全	硬卧中全	硬卧下全	软卧上全	软卧下全
2761～2830	140.5	254.5	137.0	148.0	160.0	212.0	235.0
4151～4240	189.5	344.5	182.0	198.0	213.0	284.0	315.0

票价计算：

(1)往程：葫芦岛 $\xrightarrow{2\,797\,km}$ 深圳(经由津、霸)。

客快票价：74 954.00 元

卧铺票价：81 830.00 元

(2)返程：深圳 $\xrightarrow{4\,185\,km}$ 葫芦岛。

(深圳 $\xrightarrow{169\,km}$ 佛山 $\xrightarrow{545\,km}$ 徐闻 $\xrightarrow{144\,km}$ 湛江 $\xrightarrow{3\,327\,km}$ 葫芦岛)

客快票价：111 290.00 元

卧铺票价:109 186.00 元

(3)往返票价小计:

客快票价:74 954.00＋111 290.00＝186 244.00(元)

卧铺票价:81 830.00＋109 186.00＝191 016(元)

小计:186 244.00＋191 016＝377 260.00(元)

里程	铺别	票价表			系数	单人优惠		人数	客快票价合计	卧铺票价合计
		普快	硬卧	软卧		客快	卧			
往程 2 797 km	硬卧上	140.5	137.0		0.9	126.5	123.5	140	17 710	17 290
	硬卧中	140.5	148.0		0.9	126.5	133	140	17 710	18 620
	硬卧下	140.5	160.0		0.9	126.5	144	140	17 710	20 160
	软卧上	189.5		212.0	0.9	170.5	191	64	10 912	12 224
	软卧下	189.5		235.0	0.9	170.5	211.5	64	10 912	13 536
	小计	156 784							74 954	81 830
返程 4 185 km	硬卧上	189.5	182.0		0.9	170.5	164	140	23 870	22 960
	硬卧中	189.5	198.0		0.9	170.5	178	140	23 870	24 920
	硬卧下	189.5	213.0		0.9	170.5	191.5	140	23 870	26 810
	软卧上	344.5		284.0	0.9	310	255.5	64	19 840	16 352
	软卧下	344.5		315.0	0.9	310	283.5	64	19 840	18 144
	小计	220 476							111 290	109 186
合计		377 260							186 244	191 016

(4)停留费:

①应收停留费合计 4 日:Y104/1 次深圳 3 月 22 日 4:18 到,佛山 25 日 17:44 开,应收停留费 1.5 d;Y116/7 次徐闻 26 日 4:46 到,27 日 7:30 开临空 0Y118/5 次,应收停留费 0.5 d;0Y118/5 次湛江 27 日 10:05 到,29 日 19:00 点 Y166 次从湛江开,应收停留费 1.5 d;Y166 次 30 日 8:03 桂林北到,31 日 Y158 次桂林北 16:46 开,应收停留费 0.5 d。

②停留费:1 800.00 元×4 日×11＝79 200.00(元)。

(5)合计:377 260.00＋停留费 79 200.00＝456 460.00(元)。

D000047

沈 阳 铁 路 局

代 用 票

2016 年 3 月 19 日乙（旅客）

事由	旅游专列

D000047

原票	种　别	日期	年　月　日	座别	
	号码			经由	
	发站			票价	
	到站			记事	

自	葫芦岛 深圳	站至	深圳 葫芦岛	站	经由	津、霸/佛、徐 闻、湛、桂林北
					全程	2797/4185千米

加收	至	间	票价	
补收	至	间	票价	

限乘当日第 Y128/Y155 次列车	客票票价	
于　4　月　2　日到达有效	客快票价	186244.00
座别	人　数	卧票价	191016.00

软/硬	全　价	伍佰肆拾捌	手续费	
	半　价	#	停留费	79200.00
	儿　童	#	合　计	456460.00

记事	葫芦岛-深圳旅游列车局令71058号　编组定员：YW7(60)、RW4(32)。 左收停留费：深圳1.5日、徐闻0.5日、湛江1.5日、桂林北0.5日　票款合计：肆拾 伍万陆仟肆佰陆拾元整

沈	段第	次列车列车长	沈局 ××× 印
	葫芦岛 站售票员		葫芦岛站 印

拾元　9 8 7 6 5 4 3 2 1

佰元　9 8 7 6 5 4 3 2 1

仟元　9 8 7 6 5 4 3 2 1

注意事项
①核收票价与剪断线不符时，按无效处理（不足 10 元的除外，超过万元的保留最高额）。
②撕角、补贴、涂改即作无效。

D000047

图 50　代用票填写样例

实例 48　动车组补签

(《客规》34 条,铁总运电〔2014〕203 号)

2016 年 7 月 1 日,一名旅客持动车 D4 次(沈阳北—北京,7:50 始发)沈阳北至北京车票(票号 A067193,票价 206.00 元),因故未经车站改签改乘当日动车 D18 次(沈阳北—北京,15:11 始发)。列车如何处理?

一、处理依据

1. 旅客不能按票面指定的日期、车次乘车时,应当在票面指定的日期、车次开车前办理一次提前或推迟乘车签证手续,特殊情况经站长同意可在开车后 2 h 内办理。持动车组列车车票的旅客改乘当日其他动车组列车时不受开车后 2 h 内限制。团体旅客不应晚于开车前 48 h。

在车站售票预售期内且有运输能力的前提下,车站应予办理,收回原车票,换发新车票,并在新车票票面注明"始发改签"字样(特殊情况在开车后改签的注明"开车后改签不予退票"字样);原车票已托运行李的,在新车票背面注明"原票已托运行李"字样并加盖站名戳。

必要时,铁路运输企业可以临时调整改签办法。

2. 开车前 48 h(不含)以上,可改签预售期内的其他列车;开车前 48 h 以内,可改签开车前的其他列车,也可改签开车后至票面日期当日 24:00 之间的其他列车,不办理票面日期次日及以后的改签;开车之后,旅客仍可改签当日其他列车(编者注:指当日 24:00 前其他列车),但只能在票面发站办理改签。

二、处理方法

1. 事由栏

补签。

2. 查里程

沈阳北 $\overset{703 \text{ km}}{\rule{2em}{0.4pt}}$ 北京。

3. 计算票价

(1)票价:票价相同。

(2)手续费:2.00 元

(3)合计:2.00 元

4. 记事栏

填记"收回原票"。

代用票填写如图 51 所示。

D000048

沈 阳 铁 路 局

代 用 票

2016 年 7 月 1 日乙（旅客）

事由	补签

原票	种 别	日 期	年 月 日	座别	二等
	动车组	号 码	A067193	经由	
		发 站	沈阳北	票价	206.00
		到 站	北京	记事	

自	沈阳北	站至	北京	站	经由	
					全程	703 千米

加收	至	间	票价	
补收	至	间	票价	

限乘当日第	D18	次列车	客票票价	
于 当日当次月		日到达有效	快票价	
座 别	人	数	卧票价	

二等	全 价	壹	手续费	2.00
	半 价	#		
	儿 童	#	合 计	2.00

记事	收回原票

沈 沈阳 段第 D18 次列车列车长 （沈局×××沈阳段）印

站售票员 印

9 8 7 6 5 4 3 2 1 拾元
9 8 7 6 5 4 3 2 1 佰元
9 8 7 6 5 4 3 2 1 仟元

D000048

注意事项
①核收票价与剪断线不符时，按无效处理（不足 10 元的除外，超过万元的保留最高额）。
②撕角、补贴、涂改即作无效。

D000048

图 51 代用票填写样例

实例 49　越站、变座

（《客规》15、35 条 2 款、38 条，《细则》13 条 2 款、32 条、34 条）

2016 年 7 月 1 日新空快速 K7309 次（长春—白城）列车，长春站开车后，一名旅客持当日当次长春至松原的硬座车票（票号 G000010，票价 23.50 元），要求越站到白城站，并使用软座（2 车 13 号）。列车如何处理？

一、处理依据

1. 发售软座客票时最远至本次列车终点站。旅客在乘车区间中，要求一段乘坐硬座车，一段乘坐软座车时，全程发售硬座客票。乘坐软座时，另收软座区间的软硬座票价差额。

2. 旅客办理中转签证或在列车上办理补签、变更席（铺）位时，签证或变更后的车次、席（铺）位票价高于原票价时，核收票价差额；签证或变更后的车次、席（铺）位票价低于原票价时，票价差额部分不予退还。

3. 在软卧车有空余包房的条件下，车站可根据列车长的预报发售软座车票。发站给中途站预留的包房，可利用其发售最远至预留站的软座车票，但涉及夜间（20:00～7:00）乘车，不得超过 2 h。

4. 旅客在列车上要求办理变更座位、铺位时，在列车有能力的情况下应当予以办理。需补收差价时，发售一张补价票，随同原票使用有效。

二、处理方法

1. 事由栏

越站变座。

2. 查里程

越站区间松原$\xrightarrow{184\ km}$白城。

实际乘车区间长春$\xrightarrow{333\ km}$白城。

3. 计算票价

（1）票价：

①越站：空调硬座快速票价：28.50 元

②实际：空调软座快速票价：77.50 元

空调硬座快速票价：50.50 元

空调软、硬座票价差：77.50－50.50＝27.00（元）

（2）手续费：2.00 元

（3）合计：28.50＋27.00＋2.00＝57.50（元）

4. 记事栏

填记"收回原票　2 车 13 号"。

代用票填写如图 52 所示。

D000049

沈 阳 铁 路 局

代 用 票

2016 年 7 月 1 日乙（旅客）

事由	越站 变座

原票	种 别	日期	2016年7月1日	座别	硬
		号码	G000010	经由	
	客快	发站	长春	票价	23.50
		到站	松原	记事	壹人

自 松原 站至 白城 站	经由	
	全程 184/333 千米	

加收 至 间	票价	
补收 长春 至 白城 间 软硬座	票价差	27.00
限乘当日第 K7309 次列车	客票票价	
于 当日当次 月 日到达有效	客快票价	28.50

座 别	人 数	卧票价	
软	全 价	壹	手续费	2.00
	半 价	#		
	儿 童	#	合 计	57.50

记事	收回原票 2车13号

沈 长春 段第 K7309 次列车列车长
站售票员

沈局 ××× 长春段 印 印

9
8
7
6
5
4
3
2
1
拾元

9
8
7
6
5
4
3
2
1
佰元

9
8
7
6
5
4
3
2
1
仟元

D000049

注意事项
①核收票价与剪断线不符时，按无效处理
（不足 10 元的除外，超过万元的保留最高额）。
②撕角、补贴、涂改即作无效。

D000049

图52 代用票填写样例

实例 50　分乘、越站、补卧

(《客规》17 条,《细则》34 条、35 条)

2016 年 7 月 1 日,新空特快 T122 次(长春—广州)列车,有三名旅客持一张长春站发售的当日当次长春至沈阳北硬座代用票(票号 G000013,叁人,票价 130.50 元),长春站开车后 1 人要求在沈阳北站下车,另 2 人要求越站到天津站并要求使用硬卧(列车有空余 15 车 7 号上、下)。列车如何处理?

一、处理依据

1. 旅客购买卧铺票时,卧铺票的到站、座别必须与客票的到站、座别相同,但对持通票的旅客,卧铺票只发售到中转站。

2. 旅客在到站前要求越过到站继续旅行时,在列车有能力的情况下应予以办理。办理时核收越站区间的票价,不足起码里程时,按起码里程计算;旅客同时提出变更座别、铺别和越站时,应先办理越站,后办理变更,使用一张代用票,核收一次手续费。

3. 二人以上旅客使用一张代用票,要求分开乘车时,应收回原票,换发代用票。分乘与旅行变更同时发生时,按变更人数核收一次手续费。

二、处理方法

(一)填发第一张代用票

票号 D000501 号。

1. 事由栏

分乘。

2. 查里程

长春$\overset{300\,km}{———}$沈阳北。

3. 计算票价

(1)已收空调硬座快速票价:43.50×3＝130.50(元)

(2)手续费:2.00 元

(3)合计:2.00 元

4. 记事栏

填记"收回原票　与代用票 D000502 号分乘　壹人票价 43.50 元"。

代用票填写如图 53 所示。

D000501

沈 阳 铁 路 局

代 用 票

2016　年　7　月　1　日乙（旅客）

事由	分乘

原票	种　　别	日期	2016年7月1日	座别	硬
	客快	号码	G000013	经由	
		发站	长春	票价	130.50
		到站	沈阳北	记事	叁人

自 长春 站至 沈阳北 站	经由	
	全程	300 千米

加收	至	间	票价	
补收	至	间	票价	

限乘当日第 T122 次列车　客票票价

于 当日当次月 日到达有效　客快票价

座　别	人　　数	卧票价	
硬	全　价	壹	手续费	2.00
	半　价	#		
	儿　童	#	合　计	2.00

记事	收回原票 与代用票D000502号分乘 壹人票价43.50元

沈 长春 段第 T122 次列车列车长　　　　　印

站售票员　　　　　印

沈局 ××× 长春段

注意事项
①核收票价与剪断线不符时，按无效处理（不足 10 元的除外，超过万元的保留最高额）。
②撕角、补贴、涂改即作无效。

D000501

9 8 7 6 5 4 3 2 1 拾元

9 8 7 6 5 4 3 2 1 佰元

9 8 7 6 5 4 3 2 1 仟元

D000501

图 53　代用票填写样例

（二）填发第二张代用票

票号 D000502 号。原票栏填写原票种别、日期、号码,其他略;人数栏填贰人。

1. 事由栏

分乘越站补卧

2. 查里程

越站区间沈阳北$\xrightarrow{689\ km}$天津

补卧区间长春$\xrightarrow{989\ km}$天津

3. 计算票价

（1）空调硬座快速票价:93.00×2＝186.00(元)

补卧:硬卧(上)票价:94.00 元

硬卧(下)票价:109.00 元

（2）手续费:5.00×2＝10.00(元)

（3）合计:186.00＋94.00＋109.00＋10.00＝399.00(元)

4. 记事栏

填记"原票附在代用票 D000501 号报告页上,贰人票价 87.00 元,15 车 7 号上、下"。

代用票填写如图 54 所示。

D000502

沈 阳 铁 路 局

代 用 票

2016 年 7 月 1 日乙（旅客）

事由	分乘 越站 补卧

原票	种 别	客快	日期	2016年7月1日	座别	
			号码	G000013	经由	
			发站		票价	
			到站		记事	

| 自 沈阳北 站至 天津 站 | 经由 | |
| | 全程 689/989 千米 | |

| 加收 至 间 票价 | |
| 补收 长春 至 天津 间 硬卧(上、下)票价 | 203.00 |

| 限乘当日第 T122 次列车 | 客票票价 | |
| 于 当日当次月 日到达有效 | 客快票价 | 186.00 |

座 别	人 数	卧票价	
硬	全 价	贰	手续费	10.00
	半 价	#		
	儿 童	#	合 计	399.00

| 记事 | 原票附在代用票D000501报告页上，贰人原价87.00元，15车7号上、下 |

沈 长春 段第 T122 次列车列车长

站售票员

沈局 ××× 长春段 印 印

9 8 7 6 5 4 3 2 1 拾元
9 8 7 6 5 4 3 2 1 佰元
9 8 7 6 5 4 3 2 1 仟元

D000502

D000502

注意事项
①核收票价与剪断线不符时，按无效处理（不足 10 元的除外，超过万元的保留最高额）。
②撕角、补贴、涂改即作无效。

图 54 代用票填写样例

实例 51　减价不符、越站

（《客规》44 条 5 款,《细则》34 条）

2016 年 7 月 1 日,新空快速 K518 次(沈阳北—上海)列车唐山站到站前,验票发现一名旅客持当日当次沈阳北至唐山的半价空调硬座快速卧车票(G000014 军,票价 74.00 元,9 车 7 号下),无减价凭证,要求继续旅行至天津站。列车如何办理?

一、处理依据

1. 有下列行为时,除按规定补票,核收手续费以外,铁路运输企业有权对其身份进行登记,并须加收已乘区间应补票价 50％的票款:

旅客持儿童票、学生票、残疾军人票没有规定的减价凭证或不符合减价条件时,按照全价票价补收票价差额。

2. 旅客在到站前要求越过到站继续旅行时,在列车有能力的情况下应予以办理。办理时核收越站区间的票价,不足起码里程时,按起码里程计算;旅客同时提出变更座别、铺别和越站时,应先办理越站,后办理变更,使用一张代用票,核收一次手续费。

二、处理方法

1. 事由栏

减价不符、越站。

2. 查里程

原票区间沈阳北$\overset{566\text{ km}}{\text{——}}$唐山(经台安)。

3. 计算票价

(1)票价:

①原票沈阳北至唐山:

空调硬座快速卧(下)票价:148.00 元

半价空调硬座快速卧(下)票价:74.00 元

票价差:148.00－74.00＝74.00(元)

加收票款:74.00×50％＝37.00(元)

②越站唐山$\overset{123\text{km}}{\text{——}}$天津

空调硬座快速票价:19.50 元

空调硬卧(下)票价:54.00 元

(2)手续费: 5.00 元

(3)合计:74.00＋37.00＋19.50＋54.00＋5.00＝189.50(元)

4. 记事栏

填记"收回原票　9 车 7 号下"。

代用票填写如图 55 所示。

D000051

沈 阳 铁 路 局

代 用 票

2016 年 7 月 1 日乙（旅客）

原票	种 别		日期	2016年7月1日	座别	硬
	客快卧	号码		G000014	经由	台安
		发站		沈阳北	票价	74.00
		到站		唐山	记事	军 9车7号下

自 唐山 站至 天津 站	经由	
	全程 123/566 千米	

加收 沈阳北 至 唐山 间 应补 票价50%	37.00
补收 沈阳北 至 唐山 间 全字价 票价差	74.00

限乘当日第 K518 次列车	客票票价	
于 当日当次月 日到达有效	客快票价	19.50
座别 人 数	下卧票价	54.00

硬	全 价	壹	手续费	5.00
	半 价	#		
	儿 童	#	合 计	189.50

记事	收回原票 9车7号下

沈 吉林 段第 K518 次列车列车长 沈局 ××× 吉林段 印

站售票员 印

注意事项	①核收票价与剪断线不符时，按无效处理（不足 10 元的除外，超过万元的保留最高额）。
	②撕角、补贴、涂改即作无效。

D000051

（右侧竖排）D000051

9 8 7 6 5 4 3 2 1 拾元
9 8 7 6 5 4 3 2 1 佰元
9 8 7 6 5 4 3 2 1 仟元

图 55　代用票填写样例

实例 52　超高、无票

（《客规》31 条 2 款、45 条 1 款，《细则》16 条）

2016 年 7 月 1 日，新空快速 K128 次（长春—西安）列车长春站开车后，验票发现一名旅客持一张当日当次长春至西安的硬座车票（票号 G000015，票价 254.50 元）和半价硬座车票（票号 G000016，孩，票价 127.50 元），携带两名身高分别为 1.6 m 和 1.51 m 儿童乘车。列车应如何办理？

一、处理依据

1. 承运人一般不接受儿童单独旅行（乘火车通学的学生和承运人同意在旅途中监护的除外）。随同成人旅行身高 1.2～1.5 m 的儿童，应当购买儿童票；超过 1.5 m 时应买全价票。每一成人旅客可免费携带一名身高不足 1.2 m 的儿童，超过一名时，超过的人数应买儿童票。

儿童票的座别应与成人车票相同，其到站不得远于成人车票的到站。

免费乘车及持儿童票乘车的儿童单独使用卧铺时，应当补收票价差额。

2. 成人带儿童或儿童与儿童可共用一个卧铺。

3. 应买票而未买票的儿童按规定补收票价。身高超过 1.5 m 的儿童使用儿童票乘车时，应补收儿童票价与全价票价的差额，核收手续费。

4. 通学的小学生不论身高多少，均按学生票办理。成人无论身高多少均应购买全价票。

二、处理方法

1. 事由栏

超高、无票。

2. 查里程

长春 $\overset{2\,399\ km}{——}$ 西安（经锦津衡聊菏商郑）。

3. 计算票价

（1）票价：

空调硬座快速票价：254.50 元

半价空调硬座快速票价：127.50 元

票价差：254.50－127.50＝127.00 元

（2）手续费：2.00×2＝4.00 元

（3）合计：254.50＋127.00＋4.00＝385.50（元）

4. 记事栏

填记"收回原票　同意"。

代用票填写如图 56 所示。

D000052

沈 阳 铁 路 局

🚉 **代 用 票**

2016 年 7 月 1 日乙（旅客）

事由	超高无票

原票	种别	日期	2016年7月1日	座别	硬
		号码	G000016	经由	锦津衡聊荷商郑
	客快	发站	长春	票价	127.50
		到站	西安	记事	孩

自 长春 站至 西安 站	经由	锦津衡聊荷商郑
	全程	2399 千米

加收　　至　　间　　票价

补收 长春 至 西安 间 全字价 票价差 127.00

限乘当日第 K128 次列车 客票票价

于 当日当次月 日到达有效 客快票价 254.50

座别	人　　　数	卧票价	
硬	全　价	贰	手续费	4.00
	半　价	#		
	儿　童	#	合　计	385.50

记事 　　收回原票　同意

（沈） 长春 段第 K128 次列车列车长 〔沈局 ××× 长春段 印〕

站售票员 〔印〕

注意事项
① 核收票价与剪断线不符时，按无效处理（不足 10 元的除外，超过万元的保留最高额）。
② 撕角、补贴、涂改即作无效。

D000052

右栏（竖排）：D000052

拾元：9 8 7 6 5 4 3 2 1
佰元：9 8 7 6 5 4 3 2 1
仟元：9 8 7 6 5 4 3 2 1

图 56 代用票填写样例

119

实例 53　丢失、补卧

(《客规》17 条、43 条,《细则》39 条)

2016 年 7 月 1 日,新空快速 K668 次(沈阳北—福州)列车沈阳北站开车后,乘坐在硬座 5 车 3 号座席旅客发现所持当日当次沈阳北至天津的硬座车票丢失,经查情况属实,要求使用卧铺(YW16 车 20 号下铺)。列车如何处理?

一、处理依据

1. 旅客购买卧铺票时,卧铺票的到站、座别必须与客票的到站、座别相同,但对持通票的旅客,卧铺票只发售到中转站。

2. 旅客丢失车票应另行购票。在列车上应自丢失站起(不能判明时从列车始发站起)补收票价,核收手续费。旅客补票后又找到原票时,列车长应编制客运记录交旅客,作为在到站出站前向到站要求退还后补票价的依据。退票核收退票费。

3. 旅客丢失车票另行补票后又找到原票时,列车长应编制客运记录,连同原票和后补车票一并交给旅客,作为旅客在到站出站前退还后补车票的依据。列车长与车站办理交接时,车站不得拒绝。处理站在办理时,填写退票报告,并核收退票费,列车长编制的客运记录随报告联一并上报。

二、处理方法

1. 事由栏

丢失、补卧。

2. 查里程

沈阳北$\overset{730\text{ km}}{\rule{2cm}{0.4pt}}$天津(经锦、唐)。

3. 计算票价

(1)空调硬座快速票价:98.00 元

空调硬卧(下)票价:84.00 元

(2)手续费:5.00 元

(3)合计:98.00＋84.00＋5.00＝187.00(元)

4. 记事栏

填记"旅客(身份证号××××××××××××××××××)自述因××原因原客票丢失,16 车 20 号下铺,卧铺票不退"。

代用票填写如图 57 所示。

D000053

沈 阳 铁 路 局

🏛 代 用 票

2016 年 7 月 1 日乙（旅客）

事由	丢失补卧

原票	种别	日期	2016年7月1日	座别	硬
	客快	号码		经由	锦、唐
		发站	沈阳北	票价	98.00
		到站	天津	记事	

自 沈阳北 站至 天津 站	经由	锦、唐
	全程	730 千米

加收 至 间 票价
补收 至 间 票价

限乘当日第 K668 次列车	客票票价	
于 当日当次月 日到达有效	客快票价	98.00
座 别	人 数	卧票价	84.00

硬	全 价	壹	手续费	5.00
	半 价	#		
	儿 童	#	合 计	187.00

记事	旅客(身份证号***************)自述因××原因原票丢失 16车20下 卧铺票不退

沈 锦州 段第 K668 次列车列车长 印
站售票员 印

注意事项
①核收票价与剪断线不符时，按无效处理（不足 10 元的除外，超过万元的保留最高额）。
②撕角、补贴、涂改即作无效。

D000053

D000053
9 8 7 6 5 4 3 2 1 拾元
9 8 7 6 5 4 3 2 1 佰元
9 8 7 6 5 4 3 2 1 仟元

图 57 代用票填写样例

实例 54 丢失、减价不符

（《客规》43 条、44 条 5 款，《细则》39 条）

2016 年 7 月 1 日，新空特快 T131 次（大连—上海）列车大连开车后（前方停车站为金州站），一名持电大学生证旅客向列车长声明其购买的当日当次大连至上海的硬座学生票丢失，经查情况属实。列车如何处理？

一、处理依据

1. 旅客丢失车票应另行购票。在列车上应自丢失站起（不能判明时从列车始发站起）补收票价，核收手续费。旅客补票后又找到原票时，列车长应编制客运记录交旅客，作为在到站出站前向到站要求退还后补票价的依据。退票核收退票费。

2. 旅客丢失车票另行补票后又找到原票时，列车长应编制客运记录，连同原票和后补车票一并交给旅客，作为旅客在到站出站前退还后补车票的依据。列车长与车站办理交接时，车站不得拒绝。处理站在办理时，填写退票报告，并核收退票费，列车长编制的客运记录随报告联一并上报。

3. 有下列行为时，除按规定补票，核收手续费以外，铁路运输企业有权对其身份进行登记，并须加收已乘区间应补票价 50% 的票款：

旅客持儿童票、学生票、残疾军人票没有规定的减价凭证或不符合减价条件时，按照全价票价补收票价差额。

二、处理方法

1. 事由栏

丢失、减价不符。

2. 查里程

原票区间大连$\overset{2\,254\ km}{=\!=\!=}$上海（经盘、锦、津）；已乘区间大连$\overset{33\ km}{=\!=\!=}$金州。

3. 计算票价

（1）票价

①原票区间大连至上海。

空调硬座快速票价：243.00 元

半价空调硬座快速票价：121.50 元

票价差：243.00－121.50＝121.50（元）

②已乘区间大连至金州

空调硬座快速票价：9.00 元

半价空调硬座快速票价：4.50 元

加收票款：4.50×50%＝2.50（元）

（2）手续费：2.00 元

（3）合计：121.50＋121.50＋2.50＋2.00＝247.50（元）

4. 记事栏

填记"旅客（身份证号※※※※※※※※※※※※※※※※※※）自述原票丢失"。

代用票填写如图 58 所示。

D000054

沈阳铁路局

代 用 票

2016 年 7 月 1 日乙（旅客）

事由	丢失 减价不符

原票	种 别		日期	2016年7月1日	座别	硬
			号码		经由	盘、锦、津
	客快		发站	大连	票价	121.50
			到站	上海	记事	学

自 大连 站至 上海 站	经由	盘、锦、津
	全程	2254/33千米

加收 大连 至 金州 间 应补 票价50%	2.50
补收 大连 至 上海 间 全字价 票价 差	121.50
限乘当日第 T131 次列车	客票票价	
于 当日当次月 日到达有效	客快票价	121.50

座 别	人		数	卧票价	
硬	全 价	壹		手续费	2.00
	半 价	#			
	儿 童	#		合 计	247.50

记事	旅客(身份证号**************)自述原票丢失

沈 大连 段第 T131 次列车列车长 沈局 ××× 大连段 印 印

站售票员

注意事项：①核收票价与剪断线不符时，按无效处理（不足 10 元的除外，超过万元的保留最高额）。
②撕角、补贴、涂改即作无效。

D000054

右侧竖排：D000054

拾元：9 8 7 6 5 4 3 2 1
佰元：9 8 7 6 5 4 3 2 1
仟元：9 8 7 6 5 4 3 2 1

图 58 代用票填写样例

实例 55　学生票减价不符

（《客规》20 条，《细则》17 条，运营客营电〔2010〕508 号，运营客管〔2012〕45 号通话记录）

2017 年 7 月 1 日，高速动车 G1258 次（上海虹桥—长春）列车南京南站开车后，验票发现 5 车 3F 座旅客持当日当次上海虹桥至北戴河学生票（票号 19N011085，票价 453.50 元），其学生减价优待证乘车区间为上海至郑州。列车如何处理？

一、处理依据

1. 超过减价优待证上记载的区间乘车时，对超过区间按一般旅客办理，核收全价。

2. 下列情况不能发售学生票：

（1）学校所在地有学生父或母其中一方时。

（2）学生因休学、复学、转学、退学时。

（3）学生往返于学校与实习地点时。

（4）学生证未按时办理学校注册的。

（5）学生证优惠乘车区间更改但未加盖学校公章的。

（6）没有"学生火车票优惠卡""学生火车票优惠卡"不能识别或者与学生证记载不一致的。

3. 以下情况不得办理学生票：

（1）学生证未按规定注册视为无效学生证。入学以来从未注册的学生证；越期注册的学生证（如有的学生证已经把以后学期的注册栏提前盖了注册章）。

（2）乘车区间不符。学生证内乘车区间不填写或不具有乘车优惠条件的无效。

4. 普通大、专院校，中、小学和中等专业学校、技工学校是指符合政府教育部门所规定的年限、学期和课程等制度并经相应级别的教育机关注册的院校，不包括各类职工大学、电视大学、业余广播大学、函授学校。

5. 学生票应按近径路发售，但有直达列车或换乘次数少的远径路也可发售。学生购买联程票或乘车区间涉及动车组列车的，可分段购票。

6. 超过减价优待证上记载的区间乘车时，对超过区间按一般旅客办理，核收全价。

7. 在互联网购买学生票的，换票时，应按学生票售票有关规定办理。遇所购车票乘车区间与学生证优惠乘车区间不符时，如下办理：

（1）所购车票乘车区间在学生证优惠乘车区间之内时，如其他条件均符合规定，予以换票。

（2）所购车票乘车区间超过学生证优惠乘车区间（含发站在前、到站在后、发到站均超出等情形），如其他条件均符合规定，也予以换票；同时，对超出优惠乘车区间部分，使用代用票补收票价差额。

（3）所购车票乘车区间与学生证优惠乘车区间不属同一径路，或不符合学生票发售条件，不予换票，但应告知购票人按规定办理退票手续。

8. 学生票可享受硬座客票、加快票和空调票的优惠，学生票票价按相应客票和附加票票价的 50% 计算。持学生票乘车的学生使用硬卧时，应另收全价硬卧票价，有空调时还应另收半价空调票票价。

9. 学生票可享受动车组列车二等座票价优惠。动车组列车学生票票价按二等座公布票价的75%计算。

二、处理方法

1. 事由栏

减价不符。

2. 查里程

(1)优惠乘车区间(减价区间):上海虹桥$\overset{626\ km}{\rule{3em}{0.4pt}}$徐州东。

(2)超出优惠乘车区间(减价不符区间即全价区间):徐州东$\overset{832\ km}{\rule{3em}{0.4pt}}$北戴河。

3. 计算票价

(1)票价:

高铁二等座公布票价:367.00 元

高铁二等座学生票价:367.00 元×75%≈275.50(元)

票价差:367.00－275.50＝91.50(元)

(2)手续费:2.00 元

(3)合计:91.50＋2.00＝93.50(元)

4. 记事栏

填记"原票收回"。

代用票填写如图59所示。

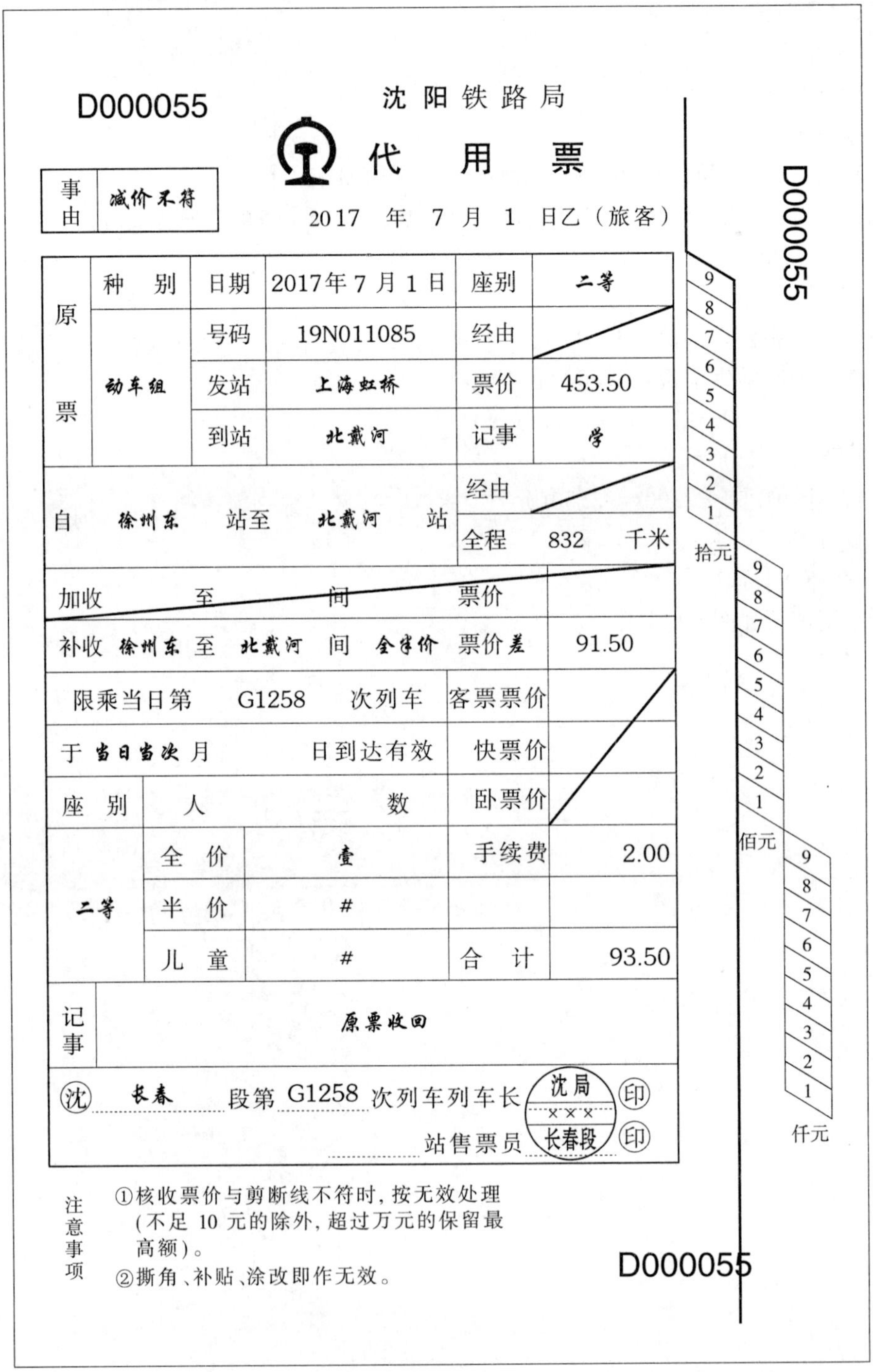

D000055

沈 阳 铁 路 局

代 用 票

2017 年 7 月 1 日乙（旅客）

D000055

事由	减价不符

原票	种　别	日期	2017年7月1日	座别	二等
		号码	19N011085	经由	
	动车组	发站	上海虹桥	票价	453.50
		到站	北戴河	记事	学

| 自 | 徐州东 | 站至 | 北戴河 | 站 | 经由 | |
| | | | | | 全程 | 832　千米 |

加收	至	间	票价	

补收 徐州东 至 北戴河 间 全字价	票价差	91.50

限乘当日第　G1258　次列车	客票票价	
于 当日当次 月　　　日到达有效	快票价	
座别	人　　　数	卧票价	

二等	全　价	壹	手续费	2.00
	半　价	#		
	儿　童	#	合　计	93.50

记事	原票收回

沈 长春 段第 G1258 次列车列车长　　站售票员

（沈局 ××× 长春段）印

右侧竖排数字：
拾元 9 8 7 6 5 4 3 2 1
佰元 9 8 7 6 5 4 3 2 1
仟元 9 8 7 6 5 4 3 2 1

注意事项
①核收票价与剪断线不符时，按无效处理（不足10元的除外，超过万元的保留最高额）。
②撕角、补贴、涂改即作无效。

D000055

图 59　代用票填写样例

实例 56　互联网购买学生票，换票时，所购车票乘车区间与学生证乘车区间不符

（运营客管〔2012〕45 号通话记录）

2017 年 8 月 28 日，一旅客持优惠区间为沈阳北至长沙的学生证和身份证（210101*********0016），在沈阳北站要求换取互联网购买的车票时，售票员发现所购车票为 2017 年 8 月 29 日新空直达 Z12 次（沈阳北—广州东）列车的沈阳北至广州东学生票（票价 151.00，票号 A053880，18 车 8 号），沈阳北站如何处理？

一、处理依据

在互联网购买学生票的，换票时，应按学生票售票有关规定办理。遇所购车票乘车区间与学生证优惠乘车区间不符时，如下办理：

（1）所购车票乘车区间在学生证优惠乘车区间之内时，如其他条件均符合规定，予以换票。

（2）所购车票乘车区间超过学生证优惠乘车区间（含发站在前、到站在后、发到站均超出等情形），如其他条件均符合规定，也予以换票；同时，对超出优惠乘车区间部分，使用代用票补收票价差额。

（3）所购车票乘车区间与学生证优惠乘车区间不属同一径路，或不符合学生票发售条件，不予换票，但应告知购票人按规定办理退票手续。

二、处理方法

1. 事由栏

减价不符

2. 查里程

长沙 $\xrightarrow{715\ km}$ 广州东。

3. 计算票价

长沙—广州东新空特快硬座学生票：49.00 元

长沙—广州东新空特快硬座全价票：98.00 元

票价差：49.00 元

手续费：2.00 元

合计：49.00＋2.00＝51.00（元）

4. 记事栏

填记"原票收回　沈阳北至长沙　⑲　身份证号 210101********0016"。

代用票填写如图 60 所示。

D000056

沈阳铁路局

代 用 票

2017 年 8 月 29 日乙（旅客）

事由	减价不符

D000056

原票	种别	日期	2017年8月29日	座别	硬
		号码	A053880	经由	郑
	客快	发站	沈阳北	票价	151.00
		到站	广州东	记事	学 18年8号

自 长沙 站至 广州东 站	经由	
	全程	715 千米

加收	至	间	票价	
补收 长沙 至 广州东 间 全字价	票价差	49.00		

限乘当日第 Z12 次列车	客票票价	
于 当日当次 月 日到达有效	快票价	
座别 人 数	卧票价	

硬	全 价	壹	手续费	2.00
	半 价	#		
	儿 童	#	合 计	51.00

记事	原票收回 沈阳北至长沙 学
	身份证号210101********0016

沈 段第 次列车列车长 沈局 ××× 沈阳北站 印

沈阳北 站售票员 印

9 8 7 6 5 4 3 2 1 拾元
9 8 7 6 5 4 3 2 1 佰元
9 8 7 6 5 4 3 2 1 仟元

注意事项
①核收票价与剪断线不符时，按无效处理（不足10元的除外，超过万元的保留最高额）。
②撕角、补贴、涂改即作无效。

D000052

图 60 代用票填写样例

实例 57　旅客乘坐动车组列车，列车同意补票

（《客规》45、30、24 条）

2017 年 7 月 1 日，高速动车 G1227 次（沈阳北—苍南）列车，一名苏州北站上车的无票人员（居民身份证号码 21★★★★1985★★★★0614）主动找到列车工作人员补票，要求乘坐本次列车二等座到义乌站。列车如何处理？

一、处理依据

1. 有下列情况时补收票价，核收手续费：

（1）主动补票或者经站、车同意上车补票的，补收票价，核收手续费。

（2）持站台票上车送客未下车但及时声明时，补收至前方下车站的票款。

2. 在无人售票的乘降所上车的人员，可在列车内购票，不收手续费。

3. 持通票的旅客在乘车途中有效期终了、要求继续乘车时，应自有效期终了站或最近前方停车站起，另行补票，核收手续费。

4. 除无人售票乘降所上车旅客，在列车内补票不收手续费外，列车补票均核收手续费。

二、处理过程

1. 事由栏

无票。

2. 查里程

苏州北 $\xrightarrow{349\ km}$ 义乌。

3. 计算票价

（1）票价：高铁二等座公布票价：160.00 元

（2）手续费：2.00 元

（3）合计：160.00＋2.00＝162.00（元）

4. 记事栏

填记"同意　二等无座　身份证号 21★★★★1985★★★★0614 同意"。

代用票填写如图 61 所示。

D000057

沈 阳 铁 路 局

代 用 票

2017 年 7 月 1 日乙（旅客）

事由	无票

原票	种 别	日期	年 月 日	座别	
		号码		经由	
		发站		票价	
		到站		记事	

自 苏州北 站至 义乌 站	经由	
	全程	349 千米

加收 至 间	票价	
补收 至 间	票价	

限乘当日第 G1227 次列车	客票票价	160.00
于 当日当次 月 日到达有效	快票价	
座 别 人 数	卧票价	

二等	全 价	壹	手续费	2.00
	半 价	#		
	儿 童	#	合 计	162.00

记事	同意 二等无座 身份证号21****1985****0614

沈 沈阳 段第 G1227 次列车列车长 ___ 沈局 ××× 印

站售票员 ___ 沈阳段 印

拾元 9 8 7 6 5 4 3 2 1

佰元 9 8 7 6 5 4 3 2 1

仟元 9 8 7 6 5 4 3 2 1

D000057

注意事项

①核收票价与剪断线不符时，按无效处理（不足 10 元的除外，超过万元的保留最高额）。

②撕角、补贴、涂改即作无效。

D000057

图 61 代用票填写样例

实例 58 学生乘坐动车组列车,列车同意补票

（《客规》20、24 条,《细则》17 条,《价规》16 条）

2017 年 7 月 1 日,动车 D3044 次（武昌—上海虹桥）列车汉口站开车后,一名学生（居民身份证号码 22****1996****0677）持汉口至上海的学生减价优待证,要求乘坐二等座到上海虹桥,列车同意（空余 3 车 5B）。列车如何处理?

一、处理依据

1. 学生票应按近径路发售,但有直达列车或换乘次数少的远径路也可发售。学生购买联程票或乘车区间涉及动车组列车的,可分段购票。学生票分段发售时,由发售第一段车票的车站在学生优惠卡中划销次数,中转站凭上一段车票售票,不再划销乘车次数。

2. 符合减价优待条件的学生无票乘车时,除补收票款外,同时应在减价优待证上登记盖章,作为登记一次乘车次数。

3. 学生票限定在寒假（12 月 1 日至 3 月 31 日）、暑假（6 月 1 日至 9 月 30 日）期间发售,其它时间不再发售学生票。

4. 超过减价优待证上记载的区间乘车时,对超过区间按一般旅客办理,核收全价。

5. 学生票享受动车组列车二等座票价的优惠,票价为公布票价的 75%。学生票乘坐动车组一等座时,按普通旅客购票。

6. 发售学生票时,记事栏内应注明"学"。

二、处理方法

1. 事由栏

无票。

2. 查里程

汉口 $\overset{829\ km}{-\!-\!-\!-}$ 上海虹桥。

3. 计算票价

(1)票价:

动车组二等座公布票价:262.00 元

学生 75%票价为:262.00×75%=196.50(元)

(2)手续费:2.00 元

(3)合计:196.50+2.00=198.50(元)

4. 记事栏

填记"同意 ㉻ 二等座 3 车 5B 身份证号 22****1996****0677"。

代用票填写如图 62 所示。

D000058

武 汉 铁 路 局

代 用 票

2017 年 7 月 1 日乙（旅客）

事由	无票

原票	种 别	日期	年 月 日	座别	
		号码		经由	
	发站			票价	
	到站			记事	

自	汉口	站至	上海虹桥	站	经由	
					全程	829 千米

加收	至	间	票价	
补收	至	间	票价	

限乘当日第 D3044 次列车	客票票价	196.50
于 当日当次月 日到达有效	快票价	
座 别 人 数	卧票价	

二等	全 价	#	手续费	2.00
	半 价	壹		
	儿 童	#	合 计	198.50

记事	同意 学 二等座3车5B 身份证号22****1996****0677

武 武汉 段第 D3012 次列车列车长 ⬜武局×××武汉段印

站售票员

右侧刻度：
D000058
拾元：9 8 7 6 5 4 3 2 1
佰元：9 8 7 6 5 4 3 2 1
仟元：9 8 7 6 5 4 3 2 1
D000058

注意事项
①核收票价与剪断线不符时，按无效处理（不足10元的除外，超过万元的保留最高额）。
②撕角、补贴、涂改即作无效。

图 62　代用票填写样例

实例 59 持学生票变座补卧

(1989 年 10 月 28 日 87 号电和 1995 年 7 月 4 日第 240 号电)

2017 年 7 月 1 日，新空特快 T122/3 次（长春—广州）列车郑州站开车后，一名旅客持当日当次郑州至广州的硬座学生票（票号 G035672，票价 96.00 元），有学生减价优待证，要求补办一张软卧至广州站（软卧 9 车 5 号空余）。列车如何处理？

一、处理依据

1. 学生乘坐硬座车，客票、加快票（包括直达特快），空调票均按半价核收。

2. 学生乘坐硬卧车，客票、加快票（包括直达特快），空调票按半价核收，卧铺票（包括卧铺空调票），按全价核收。

3. 学生乘坐软座车、软卧车、客票、卧铺票、加快票、空调票均按全价核收。

4. 学生乘坐旅游列车时，按乘坐其它列车同样对待，即客票、加快票（空调费）均按半价核收，卧铺票（含卧铺空调费）按全价核收。

二、处理方法

1. 事由栏

变座补卧。

2. 查里程

郑州 $\xrightarrow{1\,297\ km}$ 坪石 $\xrightarrow{308\ km}$ 广州，合计 1 605 km。

3. 计算票价

(1)票价：

①空调软座特快票价（国铁票价＋广深段票价）：248.50＋92.50＝341.00（元）

②半价空调硬座特快票价：96.00 元

③票价差：341.00－96.00＝245.00（元）

④空调软卧（下）票价（国铁票价＋广深段票价）：192＋66＝258.00（元）

(2)手续费：5.00

(3)合计：245.00＋258.00＋5.00＝508.00（元）

4. 记事栏：

填记"原票收回 9 车 5 号"。

代用票填写如图 63 所示。

D000059

D000059

沈 阳 铁 路 局

代 用 票

2017 年 7 月 1 日乙（旅客）

事由	变座补卧					

	种 别	日期	2017年7月1日	座别	硬
原票		号码	G035672	经由	
	客快	发站	郑州	票价	96.00
		到站	广州	记事	学

自 郑州 站至 广州 站	经由
	全程 1605/308 千米

加收 至 间 票价	
补收 郑州 至 广州 间 软硬座 票价差	245.00

限乘当日第 T123 次列车	客票票价	
于 当日当次 月 日到达有效	快票价	
座 别 人 数 下卧票价		258.00

	全 价	壹	手续费	5.00
软	半 价	#		
	儿 童	#	合 计	508.00

记事	原票收回 9车5号

沈 长春 段第 T123 次列车列车长

站售票员

（沈局）（印）

（沈局 ××× 长春段）（印）

注意事项
①核收票价与剪断线不符时，按无效处理（不足 10 元的除外，超过万元的保留最高额）。
②撕角、补贴、涂改即作无效。

9 8 7 6 5 4 3 2 1 拾元
9 8 7 6 5 4 3 2 1 佰元
9 8 7 6 5 4 3 2 1 仟元

D000059

图 63 代用票填写样例

实例 60　残疾军警人员乘车

（《客规》21、19 条，《价规》16 条）

2017 年 7 月 1 日，新空快速 K388 次（沈阳北—郑州）列车沈阳北站开车后，一名持伤残人民警察证的旅客（居民身份证号码 22****1980****0020）携带 1.1 m 儿童，要求补票到郑州并补办 2 张软卧（儿童单独用卧），列车有能力（软卧 10 车 33、35 号）。列车如何办理？

一、处理依据

1. 中国人民解放军和中国人民武装警察部队因伤致残的军人凭"中华人民共和国残疾军人证"、因公致残的人民警察凭"中华人民共和国伤残人民警察证"购买优待票（以下简称残疾军人票）。

2. 残疾军人票可享受客票和附加票的优惠，残疾军人票票价按相应客票和附加票票价的 50％计算。

3. 儿童票可享受客票、加快票和空调票的优惠，儿童票票价按相应客票和附加票票价的 50％计算。免费乘车及持儿童票乘车的儿童单独使用卧铺时，应另收全价卧铺票价，有空调时还应另收半价空调票票价。

4. 发售军残票时，记事栏内应注明"军"。

二、处理方法

1. 事由栏

无票。

2. 查里程

沈阳北 $\xrightarrow{1\,512\ km}$ 郑州。

3. 计算票价

（1）票价：

①半价空调软座快速票价：287.50/2≈144.00（元）

②半价空调软卧（下）票价：222.00/2＝111.00（元）

③空调软卧（下）票价：222.00 元

④半价空调费：27.00/2＝13.50（元）

（2）手续费：5.00×2＝10.00（元）

（3）合计：144.00＋111.00＋222.00＋13.50＋10.00＝500.50（元）

4. 记事栏

填记"10 车 33、35 号　(军)　身份证号 22****1980****0020 儿童单独用卧"。

代用票填写如图 64 所示。

D000060

沈 阳 铁 路 局

代 用 票

2017 年 7 月 1 日乙（旅客）

事由	无票

原票	种 别		日期	年 月 日	座别	
			号码		经由	
			发站		票价	
			到站		记事	

自 沈阳北 站至 郑州 站	经由	
	全程	1512 千米

加收	至	间	票价	
补收	至	间	票价	

限乘当日第 K388 次列车	客票票价	
于 当日当次月 日到达有效	客快票价	157.50
座 别 人 数	卧票价	333.00

款	全 价	#	手续费	10.00
	半 价	壹		
	儿 童	壹	合 计	500.50

记事	10车33、35号 军 身份证号22****1980****0020 儿童单独用卧

沈 沈阳 段第 K388 次列车列车长

站售票员

沈局 ××× 印

沈阳段 印

注意事项
①核收票价与剪断线不符时，按无效处理
（不足 10 元的除外，超过万元的保留最高额）。
②撕角、补贴、涂改即作无效。

D000060

右侧竖排数字：
拾元：9 8 7 6 5 4 3 2 1
佰元：9 8 7 6 5 4 3 2 1
仟元：9 8 7 6 5 4 3 2 1

D000060

图 64 代用票填写样例

实例 61　旅客持普速车票乘坐动车组列车(列车同意)

(《客规》35 条 2 款)

2017 年 7 月 1 日,动车 D7611 次(沈阳—丹东)列车沈阳站(8:50 开车)开车前,一名旅客持当日新空快速 K7361 次(赤峰—丹东)列车沈阳(9:32 开车)至丹东硬座车票(票号 T035786,票价 41.50 元),要求提前乘坐该次列车二等座车到丹东,列车同意(3 车 7D 空余)。列车如何办理?

一、处理依据

1. 旅客办理中转签证或在列车上办理补签、变更席(铺)位时,签证或变更后的车次、席(铺)位票价高于原票价时,核收票价差额;签证或变更的车次、席(铺)位票价低于原票价时,票价差额部分不予退还。

2. 改乘高等级列车时,列车同意,事由栏填"补价";不同意,事由栏填"不符"。

二、处理方法

1. 事由栏

补价。

2. 查里程

沈阳至丹东客运专线(沈丹高铁)沈阳 $\xrightarrow{223\ km}$ 丹东。

3. 计算票价

(1)票价:

①动车二等座票价:70.00 元

②票价差:70.00－41.50＝28.50(元)

(2)手续费:2.00 元

(3)合计:28.50＋2.00＝30.50(元)

4. 记事栏

填记"同意　收回原票　3 车 7D"。

代用票填写如图 65 所示。

D000061

沈阳铁路局

代 用 票

2017 年 7 月 1 日乙（旅客）

事由	补价

原票	种别	日期	2017年7月1日	座别	硬
	客快	号码	T035786	经由	
		发站	沈阳	票价	41.50
		到站	丹东	记事	

自 沈阳 站至 丹东 站	经由	
	全程	223 千米

加收 至 间 票价

补收 沈阳 至 丹东 间 等级 票价差	28.50

限乘当日第 D7611 次列车	客票票价	
于 当日当次 月 日到达有效	快票价	

座别	人 数	卧票价	
二等	全 价	壹	手续费	2.00
	半 价	#		
	儿 童	#	合 计	30.50

记事	同意 收回原票 3车7D

沈 丹东站 段第 D7611 次列车列车长 沈局 印
站售票员 ××× 丹东站 印

D000061

| 9 |
| 8 |
| 7 |
| 6 |
| 5 |
| 4 |
| 3 |
| 2 |
| 1 |
| 拾元 |

| 9 |
| 8 |
| 7 |
| 6 |
| 5 |
| 4 |
| 3 |
| 2 |
| 1 |
| 佰元 |

| 9 |
| 8 |
| 7 |
| 6 |
| 5 |
| 4 |
| 3 |
| 2 |
| 1 |
| 仟元 |

注意事项 ①核收票价与剪断线不符时，按无效处理（不足10元的除外，超过万元的保留最高额）。
②撕角、补贴、涂改即作无效。

D000061

图 65 代用票填写样例

实例 62 旅客持普快车票乘坐快速列车

（《客规》35 条 2 款）

2017 年 7 月 1 日，新空快速 K912 次（西安—青岛）列车，泰山站（5:24 开车）开车前，一名旅客持当日新空普快 5024 次（曹县—青岛）列车泰山（泰山站 13:53 开车）至青岛的硬座车票（票号 P012786，票价 61.00 元），要求乘车至青岛，列车同意。列车如何办理？

一、处理依据

1. 旅客办理中转签证或在列车上办理补签、变更席（铺）位时，签证或变更后的车次、席（铺）位票价高于原票价时，核收票价差额；签证或变更的车次、席（铺）位票价低于原票价时，票价差额部分不予退还。

2. 改乘高等级列车时，同意，事由栏填"补价"；不同意，事由栏填"不符"。

二、处理方法

1. 事由栏

补价。

2. 查里程

泰山 $\overset{466\ km}{\text{————}}$ 青岛

3. 计算票价

（1）票价：

①空调硬座快速票价：69.00 元

②空调硬座普快票价：61.00 元

③票价差：69.00－61.00＝8.00（元）

（2）手续费：2.00 元

（3）合计：8.00＋2.00＝10.00（元）

4. 记事栏

填记"同意　　原票收回"。

代用票填写如图 66 所示。

D000062

济 南 铁 路 局

代 用 票

2017 年 7 月 1 日乙（旅客）

事由	补价

原票	种 别	日期	2017年 7月 1日	座别	硬
	客快	号码	P012786	经由	
		发站	泰山	票价	61.00
		到站	青岛	记事	

自 泰山 站至 青岛 站	经由	
	全程	466 千米

加收 至 间 票价	
补收 泰山 至 青岛 间 票价差	8.00

限乘当日第 K912 次列车	客票票价	
于 当日当次月 日到达有效	快票价	
座 别 人 数	卧票价	

硬	全 价	壹	手续费	2.00
	半 价	#		
	儿 童	#	合 计	10.00

记事	同意 原票收回

济 青岛 段第 K912 次列车列车长
站售票员

济局
×××
青岛段
印 印

拾元 9 8 7 6 5 4 3 2 1
佰元 9 8 7 6 5 4 3 2 1
仟元 9 8 7 6 5 4 3 2 1

注意事项
①核收票价与剪断线不符时，按无效处理（不足 10 元的除外，超过万元的保留最高额）。
②撕角、补贴、涂改即作无效。

D000062

图 66 代用票填写样例

实例 63　持通票中转换乘

（《客规》25、35 条 2 款）

2017 年 7 月 1 日，新空快速 K930 次（佳木斯—大连）列车南岔站（13：53 开车）停车时，一名旅客持 6 月 30 日乌伊岭至大连的硬座普客通票（票号 E033669，票价 76.50 元），要求乘坐本次列车去大连，列车同意。列车如何办理？

一、处理依据

1. 直达票当日当次有效，但下列情形除外：

（1）全程在铁路运输企业管内运行的动车组列车车票有效期由企业自定。

（2）有效期有不同规定的其他票种。

2. 通票的有效期按乘车里程计算：1 000 km 为 2 d，超过 1 000 km 的，每增加 1 000 km 增加 1 d，不足 1 000 km 的尾数按 1 d 计算；自指定乘车日起至有效期最后一日的 24：00 止。

3. 旅客办理中转签证或在列车上办理补签、变更席（铺）位时，签证或变更后的车次、席（铺）位票价高于原票价时，核收票价差额；签证或变更的车次、席（铺）位票价低于原票价时，票价差额部分不予退还。

4. 改乘高等级列车时，同意，事由栏填"补价"；不同意，事由栏填"不符"。

二、处理方法

1. 事由栏

补价。

2. 查里程

南岔 $\overset{1\,312\ km}{-\!-\!-\!-}$ 大连。

3. 计算票价

（1）票价：

①南岔至大连空调硬座快速票价：163.50 元

②南岔至大连硬座客票票价：66.50 元

③票价差：163.50－66.50＝97.00（元）

（2）手续费：2.00 元

（3）合计：97.00＋2.00＝99.00（元）

4. 记事栏

填记"同意　原票收回"。

代用票填写如图 67 所示。

D000063

哈尔滨 铁 路 局

代 用 票

2017 年 7 月 1 日乙（旅客）

事由	补价

原票	种 别	日期	2017年6月30日	座别	硬
	客	号码	E033669	经由	
		发站	乌伊岭	票价	76.50
		到站	大连	记事	

自 南岔 站至 大连 站	经由	
	全程 1312 千米	

加收 至 间	票价	
补收 南岔 至 大连 间	票价差	97.00
限乘当日第 K930 次列车	客票票价	
于 当日当次 月 日到达有效	快票价	

座别	人 数	卧票价	
硬	全 价	壹	手续费	2.00
	半 价	#		
	儿 童	#	合 计	99.00

记事	同意 原票收回

⑩哈 牡丹江 段第 K930 次列车列车长

站售票员

（哈局 ××× 牡丹段） 印 印

D000063

D000063

9 8 7 6 5 4 3 2 1 拾元
9 8 7 6 5 4 3 2 1 佰元
9 8 7 6 5 4 3 2 1 仟元

注意事项
①核收票价与剪断线不符时，按无效处理
（不足10元的除外，超过万元的保留最高额）。
②撕角、补贴、涂改即作无效。

图 67 代用票填写样例

实例 64 售票系统故障（列车补票）

2017 年 7 月 1 日，由于通辽站售票系统故障，车站无法售票，一名旅客（身份证号码 15*****1982****0123）自通辽站乘新空快速 K498 次（加格达奇—北京）列车至北京站，经列车同意上车补票。列车如何办理？

一、处理依据

1. 由于铁路责任车站不能售票，在列车内补办票时不收手续费，用代用票进行办理。记事栏注明：车站售票系统故障。

2. 附事发站（通辽站）客运记录一份。

二、处理方法

1. 事由栏

无票。

2. 查里程

通辽$\xrightarrow{861\text{ km}}$北京（新锦秦）。

3. 计算票价

空调硬座快速票价：115.00 元

4. 记事栏

填记"同意　车站售票系统故障　15*****1982****0123"。

代用票填写如图 68 所示。

D000064

哈尔滨 铁 路 局

代 用 票

2017 年 7 月 1 日乙（旅客）

事由	无票

原票	种 别	日期	年 月 日	座别	
		号码		经由	
		发站		票价	
票		到站		记事	

自	通辽	站至	北京	站	经由	新锦泰
					全程	861 千米

加收	至	间	票价	
补收	至	间	票价	

限乘当日第	K498	次列车	客票票价	
于 当日当次 月		日到达有效	客快票价	115.00

座 别	人	数	卧票价	
硬	全 价	壹	手续费	
	半 价	#		
	儿 童	#	合 计	115.00

记事	同意 车站售票系统故障 身份证号15****1982****0123

㊣哈	齐齐哈尔 段第 K498 次列车列车长	哈局 ××× 齐齐哈尔段	印
	站售票员		印

注意事项

①核收票价与剪断线不符时,按无效处理
（不足 10 元的除外,超过万元的保留最
高额）。
②撕角、补贴、涂改即作无效。

D000064

D000064

拾元
9 8 7 6 5 4 3 2 1

佰元
9 8 7 6 5 4 3 2 1

仟元
9 8 7 6 5 4 3 2 1

图 68 代用票填写样例

实例 65 越站补卧

（《客规》38、35 条 2 款，《细则》34 条）

2017 年 7 月 1 日，新空快速 K1028 次（兰州—青岛）列车郑州站到站前，一名旅客持当日当次宝鸡至徐州的硬座车票（票号 L025732，票价 135.50 元），要求补办一张硬卧并越站到青岛，列车有能力（10 车 5 号下）。列车如何办理？

一、处理依据

1. 旅客在车票到站前要求越过到站继续乘车时，在有运输能力的情况下列车应予以办理。核收越站区间的票价和手续费。

2. 办理时核收越站区间的票价，不足起码里程时，按起码里程计算；旅客同时提出变更座别、铺别和越站时，应先办理越站，后办理变更，使用一张代用票，核收一次手续费。

遇有下列情况不能办理越站：

(1)列车严重超员。

(2)乘坐卧铺的旅客买的是给中途站预留的卧铺（或卧铺复用时）。

(3)乘坐的回转车，途中需要甩车。

3. 发现旅客越过原到站乘车时，按无票旅客处理。

4. 同一城市内有两个以上车站，旅客由于不明情况，发生越站乘车时，如票价相同，原票按有效办理；票价不同，只补收客票票价和手续费，附加票使用有效。

二、处理方法

1. 事由栏

越站补卧。

2. 查里程

郑州 $\overset{349\ km}{——}$ 徐州 $\overset{712\ km}{——}$ 青岛，合计 1 061 km。

3. 计算票价

(1)票价：

徐州至青岛空调硬座快速票价：98.00 元

郑州至青岛间空调硬卧（下）票价：117.00 元

(2)手续费：5.00 元

(3)合计：98.00＋117.00＋5.00＝220.00（元）

4. 记事栏

填记"原票收回   10 车 5 下"。

代用票填写如图 69 所示。

D000065

兰州铁路局

代用票

2017 年 7 月 1 日乙（旅客）

| 事由 | 越站补卧 | | | | |

	种别	日期	2017年7月1日	座别	硬
原票		号码	L025732	经由	
	客快	发站	宝鸡	票价	135.50
		到站	徐州	记事	壹

自 徐州 站至 青岛 站	经由	济
	全程 712/1061 千米	

加收	至	间	票价	
补收 郑州 至 青岛 间 下卧			票价	117.00

限乘当日第 K1028 次列车	客票票价	
于 当日当次月 日到达有效	客快票价	98.00

座别	人	数	卧票价	
硬	全价	壹	手续费	5.00
	半价	#		
	儿童	#	合计	220.00

记事	原票收回 10车5下

（兰） 兰州 段第 K1028 次列车列车长 （兰局 ××× 印）

站售票员 （兰州段 印）

注意事项 ①核收票价与剪断线不符时，按无效处理（不足10元的除外，超过万元的保留最高额）。

②撕角、补贴、涂改即作无效。

D000065

（右侧纵向）D000065

9 8 7 6 5 4 3 2 1 拾元
9 8 7 6 5 4 3 2 1 佰元
9 8 7 6 5 4 3 2 1 仟元

图 69 代用票填写样例

实例 66 越站、变座、补卧

（《客规》38、35 条 2 款，《细则》34 条）

2017 年 7 月 1 日，新空快速 K32 次（洛阳—福州）列车郑州站开车后，一名旅客持当日当次郑州至九江硬座车票（票号 Y057327，票价 112.00 元），要求越站至福州，并使用软卧（9 车 3 号空余）。列车如何办理？

一、处理依据

1. 旅客在车票到站前要求越过到站继续乘车时，在有运输能力的情况下列车应予以办理。核收越站区间的票价和手续费。

2. 办理时核收越站区间的票价，不足起码里程时，按起码里程计算；旅客同时提出变更座别、铺别和越站时，应先办理越站，后办理变更，使用一张代用票，核收一次手续费。

遇有下列情况不能办理越站：

(1)列车严重超员。

(2)乘坐卧铺的旅客买的是给中途站预留的卧铺（或卧铺复用时）。

(3)乘坐的回转车，途中需要甩车。

3. 发现旅客越过原到站乘车时，按无票旅客处理。

4. 同一城市内有两个以上车站，旅客由于不明情况，发生越站乘车时，如票价相同，原票按有效办理；票价不同，只补收客票票价和手续费，附加票使用有效。

二、处理方法

1. 事由栏

越站变座补卧。

2. 查里程

郑州 $\xrightarrow{840\ km}$ 九江 $\xrightarrow{765\ km}$ 福州，合计 1 605 km。

3. 计算票价

(1)九江至福州空调硬座快速票价：102.00 元

(2)变座票价

①郑州至福州间空调软座票价：305.00 元

②郑州至福州间空调硬座票价：192.00 元

③票价差：305.00－192.00＝113.00(元)

(3)郑州至福州间空调软卧(下)票价：232.00 元

(4)手续费：5.00 元

(5)合计：102.00＋113.00＋232.00＋5.00＝452.00(元)

4. 记事栏

填记"原票收回 9 车 3 号"。

代用票填写如图 70 所示。

D000066

事由	越站 变座 补卧

郑 州 铁 路 局

代 用 票

2017 年 7 月 1 日乙（旅客）

D000066

原票	种 别	日期	2017年7月1日	座别	硬
		号码	Y057327	经由	
	客快	发站	郑州	票价	112.00
		到站	九江	记事	壹

自 九江 站至 福州 站	经由 向、横
	全程 765/1605 千米

补 加收 郑州 至 福州 间 软硬座 票价 差	113.00
补收 郑州 至 福州 间 下卧 票价	232.00

限乘当日第 K32 次列车	客票票价	
于 当日当次月 日到达有效	客快票价	102.00

座 别	人 数	下卧票价	
软	全 价	壹	手续费	5.00
	半 价	#		
	儿 童	#	合 计	452.00

记事	原票收回 9车3号

郑 郑州 段第 K32 次列车列车长 （郑局×××印）

站售票员 （郑州段印）

注意事项 ①核收票价与剪断线不符时，按无效处理（不足10元的除外，超过万元的保留最高额）。

②撕角、补贴、涂改即作无效。

D000066

9 8 7 6 5 4 3 2 1
拾元

9 8 7 6 5 4 3 2 1
佰元

9 8 7 6 5 4 3 2 1
仟元

图 70 代用票填写样例

实例 67　动车组越站

（《客规》38、35 条 2 款,《细则》34 条）

2017 年 7 月 1 日,高速动车 G2626 次（武汉—大连北）列车邯郸东站开车后,一名旅客持用邯郸东至石家庄一等座车票（票号 J009598,票价 128.50 元,1 车 9A）,要求乘二等座越站至秦皇岛站（列车二等座无座）。列车如何办理?

一、处理依据

1. 旅客在车票到站前要求越过到站继续乘车时,在有运输能力的情况下列车应予以办理。核收越站区间的票价和手续费。

2. 办理时核收越站区间的票价,不足起码里程时,按起码里程计算;旅客同时提出变更座别、铺别和越站时,应先办理越站,后办理变更,使用一张代用票,核收一次手续费。

遇有下列情况不能办理越站:

(1)列车严重超员。

(2)乘坐卧铺的旅客买的是给中途站预留的卧铺（或卧铺复用时）。

(3)乘坐的回转车,途中需要甩车。

3. 发现旅客越过原到站乘车时,按无票旅客处理。

4. 同一城市内有两个以上车站,旅客由于不明情况,发生越站乘车时,如票价相同,原票按有效办理;票价不同,只补收客票票价和手续费,附加票使用有效。

二、处理方法

1. 事由栏

越站。

2. 查里程

石家庄$\overset{558\text{ km}}{\rule{3em}{0.4pt}}$秦皇岛。

3. 计算票价

(1)票价:二等座票价:244.50 元

(2)手续费:2.00 元

(3)合计:244.50+2.00＝246.50(元)

4. 记事栏

填记"原票收回　二等座无座"。

代用票填写如图 71 所示。

沈 阳 铁 路 局

代 用 票

2017 年 7 月 1 日乙（旅客）

D000067

事由	越站

	种 别	日期	2017年7月1日	座别	一等
原票		号码	J009598	经由	
	动车组	发站	邯郸东	票价	128.50
		到站	石家庄	记事	网

自 石家庄 站至 秦皇岛 站	经由	
	全程	558 千米

加收 至 间 票价
补收 至 间 票价

限乘当日第 G2626 次列车	客票票价	244.50
于 当日当次 月 日到达有效	快票价	
座别 人 数	卧票价	

二等	全 价	壹	手续费	2.00
	半 价	#		
	儿 童	#	合 计	246.50

记事	原票收回 二等座无座

沈 大连 段第 G2626 次列车列车长 沈局 ××× 印

站售票员 大连段 印

注意事项
①核收票价与剪断线不符时，按无效处理（不足10元的除外，超过万元的保留最高额）。
②撕角、补贴、涂改即作无效。

D000067

（右侧竖排数字栏）
D000067
9 8 7 6 5 4 3 2 1 拾元
9 8 7 6 5 4 3 2 1 佰元
9 8 7 6 5 4 3 2 1 仟元

图71 代用票填写样例

实例 68　铁路职工乘车不符合免费使用卧铺条件

（《铁路乘车证管理办法》第 31 条）

2017 年 7 月 1 日，新空快速 K2288 次（长春—昆明）列车到达沈阳北站前，乘坐在硬卧 9 车 11 号下铺的长春客运段职工李飞（持长春至山海关 6 月 1 日至 8 月 31 日硬席临时定期乘车证，票号 YLa312365，签证号 D078965），因急事要求沈阳北站下车。列车如何办理？

一、处理依据

1. 职工（含路外符合使用乘车证的人员）出差、驻勤、开会、调转赴任、医疗转院（含职工供养的直系亲属）、疗养、护送、出入学校，以本人开始乘坐本次列车开车时刻计算，从 20:00 至次日晨 7:00 之间，在车上过夜 6 h（含 6 h）或连续乘车超过 12 h（含 12 h）以上的，准予免费使用卧铺。

2. 学生实习使用乘车证，不能免费使用卧铺。

3. 使用卧铺中途不应下车。如必须下车，不足夜间乘车 6 h 或连续乘车 12 h 的，列车长应按章核收已乘区间的卧铺票价。

二、处理方法

长春 19:09 开，沈阳北 22:41 到，不符合免费使用卧铺条件。

1. 事由栏

补卧。

2. 查里程

长春 $\xrightarrow{300\text{ km}}$ 沈阳北。

3. 计算票价

（1）票价：

空调硬卧（下）票价：54.00 元

（2）手续费：5.00 元

（3）合计：54.00＋5.00＝59.00（元）

4. 记事栏

填记"夜间乘车不足 6 小时"。

不符合免费使用卧铺条件　代用票填写如图 72 所示。

D000068

沈 阳 铁 路 局

代 用 票

2017 年 7 月 1 日乙（旅客）

事由	补卧

D000068

原票	种 别	日期	2017年 ⁶⁄₈月 ¹⁄₃₁日	座别	硬
	硬席临时定期	号码	LYa312365	经由	
		发站	长春	票价	
		到站	山海关	记事	长客李飞

自 长春 站至 沈阳北 站	经由	
	全程	300 千米

加收	至	间	票价
补收	至	间	票价

限乘当日第 K1056 次列车	客票票价	
于 当日当次 月 日到达有效	快票价	
座 别 人 数	下卧票价	54.00

硬	全 价	壹	手续费	5.00
	半 价	#		
	儿 童	#	合 计	59.00

记事	不符免费使用卧铺条件 夜间乘车不足6小时

⑩ 长春 段第 K2288 次列车列车长
站售票员

沈局
×××
长春段
印 印

9 8 7 6 5 4 3 2 1 拾元

9 8 7 6 5 4 3 2 1 佰元

9 8 7 6 5 4 3 2 1 仟元

注意事项	①核收票价与剪断线不符时，按无效处理（不足 10 元的除外，超过万元的保留最高额）。 ②撕角、补贴、涂改即作无效。

D000068

图 72 代用票填写样例

实例 69　票、证、人不一致的

（《客规》44 条 1 款）

2017 年 7 月 1 日,高速动车 G1252 次(上海虹桥—大连)列车在上海虹桥站开车后核对旅客信息时,发现乘坐在二等座 3 车 11B 号的旅客林**(居民身份证号码 12****1998****0016),所持车票(上海虹桥至镇江南,票号 Z16P060114,票价 104.50 元)的居民身份证信息为张*(居民身份证号码 12****1999****0012),经了解林**用其同学张*的居民身份证购买的车票,实际到站天津站。列车如何办理?

一、处理依据

1. 车站验证口、检票口查验。对票、证、人不一致以及乘车日期、车次不符的,拒绝进站。

2. 车门查验。普速列车在始发站,由列车员在车门验票的同时实行实名制验证,对票、证、人不一致的拒绝乘车。

3. 列车途中查验。验票同时乘警会同列车长严格验证,对票、证、人不一致的,按无票处理。

4. 到站查验。到站出站口严格验票,同时根据出站客流情况,组织对到达旅客票、证、人一致性进行抽验,不一致的按无票处理。

5. 票、证、人不一致情况包括:拒不提供本人有效身份证件原件;查验中票、证、人不一致;使用铁路电子客票或者铁路乘车卡,人证不一致;成年人旅客持儿童票。

二、处理方法

1. 事由栏

无票。

2. 查里程

上海虹桥$\overset{230\ km}{\rule{2cm}{0.4pt}}$镇江南$\overset{988\ km}{\rule{2cm}{0.4pt}}$天津,合计 1 218 km。

3. 计算票价

(1)票价:

上海虹桥至天津高铁二等座票价:516.50 元

(2)手续费:2.00 元

(3)合计:516.50+2.00＝518.50(元)

4. 记事栏

填记"票、证、人不一致 原票号 Z16P060114 身份证号 12****1998****0016"。

代用票填写如图 73 所示。

D000069

沈 阳 铁 路 局

代 用 票

2017 年 7 月 1 日乙（旅客）

事由	无票

原票	种 别	日期	年 月 日	座别
		号码		经由
		发站		票价
		到站		记事

自	上海虹桥 站至 天津 站	经由	
		全程	1218 千米

加收	至	间	票价	
补收	至	间	票价	

限乘当日第 G1252 次列车	客票票价	516.50
于 当日当次 月 日到达有效	快票价	
座别 人 数	卧票价	

二等	全 价	壹	手续费	2.00
	半 价	#		
	儿 童	#	合 计	518.50

记事	票、证、人不一致 原票号Z16P060114 身份证号12****1998****0016

沈 大连 段第 G1252 次列车列车长 沈局 ××× 印

站售票员 大连段 印

注意事项
①核收票价与剪断线不符时，按无效处理（不足 10 元的除外，超过万元的保留最高额）。
②撕角、补贴、涂改即作无效。

D000069

拾元 9 8 7 6 5 4 3 2 1
佰元 9 8 7 6 5 4 3 2 1
仟元 9 8 7 6 5 4 3 2 1

图 73 代用票填写样例

154

实例 70 持短途票不主动补票

（《客规》44 条 1 款）

2016 年 7 月 1 日，高速动车 G2626 次（武汉—大连北）列车于正定机场站（前方停车站为保定东站）开车后，验票发现在 2 车 2B 座的旅客持安阳东至邯郸东的电子票信息（EB89118576，票价 27.50 元），实际到站天津站。列车如何处理？

一、处理依据

无票乘车时，除按规定补票，核收手续费以外，铁路运输企业有权对其身份进行登记，并须加收已乘区间应补票价 50% 的票款：

无票乘车时，补收自乘车站（不能判明时自始发站）起至到站止车票票价。持失效车票乘车按无票处理。

持站台票上车并在开车 20 min 后仍不声明时，按无票处理。

二、处理方法

1. 事由栏

无票。

2. 查里程

邯郸东$\xrightarrow{317\ km}$保定东$\xrightarrow{155\ km}$天津，合计 472 km。

加收已乘区间：邯郸东$\xrightarrow{317\ km}$保定东。

3. 计算票价

（1）票价：

应补邯郸东至天津二等座票价：212.00 元

加收邯郸东至保定东二等座票价：145.50×50%≈73.00（元）

（2）手续费：2.00 元

（3）合计：212.00＋73.00＋2.00＝287.00（元）

4. 记事栏

填记"身份证号******************"。

代用票填写如图 74 所示。

D000070

沈 阳 铁 路 局

代 用 票

2017 年 7 月 1 日乙（旅客）

事由	无票

原票	种 别	日期	2017年 7 月 1 日	座别	二等
	动车组	号码	EB89118576	经由	
		发站	安阳东	票价	27.50
		到站	邯郸东	记事	电子信息

自 邯郸东 站至 天津 站	经由	
	全程 472/317 千米	

加收 邯郸东 至 保定东 间 应补	票价50%	73.00
补收 至 间	票价	

限乘当日第 G2626 次列车	客票票价	212.00
于 当日当次 月 日到达有效	快票价	
座别 人 数	卧票价	

二等	全 价	壹	手续费	2.00
	半 价	#		
	儿 童	#	合 计	287.00

记事	身份证号 *****************

沈 大连 段第 G2626 次列车列车长 沈局 印

站售票员 ××× 大连段 印

右侧数值栏：
拾元 9 8 7 6 5 4 3 2 1
佰元 9 8 7 6 5 4 3 2 1
仟元 9 8 7 6 5 4 3 2 1

D000070

注意事项
①核收票价与剪断线不符时，按无效处理（不足 10 元的除外，超过万元的保留最高额）。
②撕角、补贴、涂改即作无效。

D000070

图 74 代用票填写样例

实例 71　动车组变座

（《客规》15 条、35 条 2 款,《细则》13 条 2 款、32 条）

2017 年 7 月 1 日,一名旅客持高速动车 G1290 次（武汉—长春）石家庄至秦皇岛二等座票（票号 V062461,票价 244.50）,白洋淀站开车后要求白洋淀至秦皇岛间乘坐商务座（16 车 2A）,列车如何处理?

一、处理依据

1. 发售软座客票时最远至本次列车终点站。旅客在乘车区间中,要求一段乘坐硬座车,一段乘坐软座车时,全程发售硬座客票。乘坐软座时,另收软座区间的软硬座票价差额。

2. 旅客办理中转签证或在列车上办理补签、变更席（铺）位时,签证或变更后的车次、席（铺）位票价高于原票价时,核收票价差额;签证或变更后的车次、席（铺）位票价低于原票价时,票价差额部分不予退还。

3. 旅客在列车上要求办理变更座位、铺位时,在列车有能力的情况下应当予以办理。需补收差价时,发售一张补价票,随同原票使用有效。

4. 硬座变软座时,应核收变更区间的票价差额,并核收手续费,不足起码里程按起码里程计算。

5. 持用学生硬座减价票变更软座时,补收变更区间的软座全价同硬座半价客票票价的差额,核收手续费。

6. 持铁路硬席免费乘车证要求变更软座时,比照一般旅客办理,在代用票原票栏记载乘车证有关事项,并在记事栏注明填发单位,不收原票。

二、处理方法

1. 事由栏

变座。

2. 查里程

白洋淀$\xrightarrow{381\text{ km}}$秦皇岛。

3. 计算票价

（1）票价:

商务座票价:513.50 元

二等座票价:164.50 元

票价差:513.50－164.50＝349.00（元）

（2）手续费:2.00 元

（3）合计:349.00＋2.00＝351.00（元）

4. 记事栏

填记"收回原票　16 车 2A"。

代用票填写如图 75 所示。

D000071

沈 阳 铁 路 局

代 用 票

2017 年 7 月 1 日乙（旅客）

事由	变庄

原票	种别		日期	2017年 7月 1日	座别	二等
			号码	V062461	经由	
	动车组		发站	石家庄	票价	244.50
			到站	秦皇岛	记事	

自 白洋淀 站至 秦皇岛 站	经由	
	全程	381 千米

加收 至 间	票价	
补收 白洋淀 至 秦皇岛 间 商务座 二等座	票价差	349.00
限乘当日第 G1290 次列车	客票票价	
于 当日当次 月 日到达有效	快票价	
座别 人 数	卧票价	

商务	全价	壹	手续费	2.00
	半价	#		
	儿童	#	合计	351.00

记事	收回原票 16车2A

沈 沈阳 段第 G1290 次列车列车长 沈局 ××× 印

站售票员 沈阳段 印

注意事项
①核收票价与剪断线不符时，按无效处理
（不足 10 元的除外，超过万元的保留最高额）。
②撕角、补贴、涂改即作无效。

D000071

D000071

拾元 9 8 7 6 5 4 3 2 1
佰元 9 8 7 6 5 4 3 2 1
仟元 9 8 7 6 5 4 3 2 1

图 75 代用票填写样例

实例 72 持已"始发改签""始发改签开车后改签不予退票"的车票错后、提前乘车

（《客规》34 条）

2017 年 7 月 1 日,高速动车 G1228 次（苍南—沈阳北）列车于海宁西站开车后（前方停车站为嘉兴南站）,验票发现一名旅客（居民身份证号码 33＊＊＊＊1982＊＊＊＊2428）持高速动车 G7324 次（温州南—上海虹桥）列车义乌至上海虹桥票面标记"始发改签开车后改签不予退票"的车票（票号 14N039729,票价 123.00 元）。列车如何处理?

一、处理依据

1. 旅客不能按票面指定的日期、车次乘车时,应当在票面指定的日期、车次开车前办理一次提前或推迟乘车签证手续,特殊情况经站长同意可在开车后 2 小时内办理。持动车组列车车票的旅客改乘当日其他动车组列车时不受开车后 2 小时内限制。团体旅客不应晚于开车前 48 小时。

2. 已改签的车票（即注明"始发改签""始发改签开车后改签不予退票"的车票）,错后、提前乘车均按无票处理,另行补票,不加收票款。

二、处理方法

1. 事由栏

无票。

2. 查里程

义乌 $\overset{268\,km}{———}$ 上海虹桥。

3. 计算票价

(1)票价:

义乌至上海虹桥二等座票价:123.00 元

(2)手续费:2.00 元

(3)合计:123.00＋2.00＝125.00(元)

4. 记事栏

填记"始发改签开车后改签不予退票　原票号 14N039729　身份证号 33＊＊＊＊1982＊＊＊＊2428"。

代用票填写如图 76 所示。

D000072

沈 阳 铁 路 局

代 用 票

2017 年 7 月 1 日乙（旅客）

事由	无票

原票	种别	日期	年 月 日	座别
	号码			经由
	发站			票价
	到站			记事

自 **义乌** 站至 **上海虹桥** 站	经由	
	全程	268 千米

加收 至 间	票价	
补收 至 间	票价	

限乘当日第 G1228 次列车	客票票价	123.00
于 **当日当次** 月 日到达有效	快票价	

座别	人	数	卧票价	
二等	全 价	**壹**	手续费	2.00
	半 价	#		
	儿 童	#	合 计	125.00

记事	始发改签开车后改签不予退票 原票号14N039729 身份证号33****1982****2428

⑨ 沈 沈阳 段第 G1228 次列车列车长 〔沈局×××印〕

站售票员 〔沈阳段印〕

注意事项
① 核收票价与剪断线不符时，按无效处理（不足 10 元的除外，超过万元的保留最高额）。
② 撕角、补贴、涂改即作无效。

D000072

拾元 9 8 7 6 5 4 3 2 1

佰元 9 8 7 6 5 4 3 2 1

仟元 9 8 7 6 5 4 3 2 1

D000072

图 76 代用票填写样例

实例 73 持未经车站改签且到站为车次列车经停站的车票

（《客规》45 条 2 款、34 条 1 款、35 条、48 条 1 款 5 项，《细则》34 条、43 条）

2017 年 7 月 1 日，一名旅客持动车 D3322 次（武夷山东—上海虹桥）嘉兴南至上海虹桥（10:52 开）的车票（票号 Z39C089556，票价 29.00 元，3 车 12F），未经车站签证，提前乘坐高速动车 G1228 次（苍南—沈阳北，10:35 开），被列车验票发现。列车如何处理？

一、处理依据

1. 持未经车站改签且到站为车次列车经停站的车票，错后或提前乘车时，按改签处理；如越站、补价时，另核收越站、补价票价。

2. 下列情况只核收手续费，但已经使用至到站的除外：

(1)旅客在票面指定的日期、车次开车前乘车的，应补签。

(2)旅客所持车票日期、车次相符但未经车站剪口的，应补剪。

(3)持通票的旅客中转换乘应签证而未签证的，应补签。

3. 旅客不能按票面指定的日期、车次乘车时，应当在票面指定的日期、车次开车前办理一次提前或推迟乘车签证手续，特殊情况经站长同意可在开车后 2 h 内办理。持动车组列车车票的旅客改乘当日其他动车组列车时不受开车后 2 h 内限制。团体旅客不应晚于开车前 48 h。

4. 旅客在发站办理改签时，改签后的车次票价高于原票价时，核收票价差额；改签后的车次票价低于原票价时，退还票价差额。

旅客办理中转签证或在列车上办理补签、变更席（铺）位时，签证或变更后的车次、席（铺）位票价高于原票价时，核收票价差额；签证或变更后的车次、席（铺）位票价低于原票价时，票价差额部分不予退还。

5. 旅客同时提出变更座别、铺别和越站时，应先办理越站，后办理变更，使用一张代用票，核收一次手续费。

二、处理方法

1. 事由栏

补签 补价。

2. 查里程

嘉兴南 $\overset{84\ km}{\rule{2em}{0.4pt}}$ 上海虹桥。

3. 计算票价

(1)票价：

高铁二等座票价：38.50 元

动车二等座票价：29.00 元

票价差：38.50－29.00＝9.50(元)

(2)手续费：2.00 元

(3)合计：9.50＋2.00＝11.50(元)

4. 记事栏

填记"收回原票 提前乘车"。

代用票填写如图 77 所示。

D000073

沈阳铁路局

代 用 票

2017 年 7 月 1 日乙（旅客）

原票	种 别		日期	2017年7月1日	座别	二等
	动车组		号码	Z39C089556	经由	
			发站	嘉兴南	票价	123.00
			到站	上海虹桥	记事	3车12F

自 嘉兴南 站至 上海虹桥 站	经由	
	全程	84 千米

加收 至 间 票价		
补收 嘉兴南 至 上海虹桥 间 等级 票价差		9.50
限乘当日第 G1228 次列车	客票票价	
于 当日当次 月 日到达有效	快票价	
座 别	人 数	卧票价	

二等	全 价	壹	手续费	2.00
	半 价	#		
	儿 童	#	合 计	11.50

记事	收回原票 提前乘车

沈 沈阳 段第 G1228 次列车列车长 沈局 印
站售票员 沈阳段 印

注意事项
①核收票价与剪断线不符时，按无效处理（不足 10 元的除外，超过万元的保留最高额）。
②撕角、补贴、涂改即作无效。

D000073

9 8 7 6 5 4 3 2 1 拾元
9 8 7 6 5 4 3 2 1 佰元
9 8 7 6 5 4 3 2 1 仟元

D000072

图 77 代用票填写样例

实例 74　持未经车站改签且到站为非车次列车经停站的车票

（《客规》45 条 2 款、34 条 1 款、35 条、48 条 1 款 5 项，《细则》34 条、43 条）

2017 年 7 月 1 日，一名旅客持高速动车 G137 次（北京南—上海虹桥）徐州东至滁州（16：08 开）的车票（票号 Z53L066891，票价 124.50 元，4 车 14C），未经徐州东站签证，提前乘坐高速动车 G1223 次（沈阳北—宁波，14：55 开，前方停车站为南京南站），被列车验票发现。列车如何处理？

一、处理依据

1. 持未经车站改签且到站为本次列车经停站的车票，错后或提前乘车时，按补签越站处理；同时发生补价（即持低等级列车车票乘坐高等级列车，补签后票价高于原票价）和越站时，应先办理补价后办理越站，使用一张代用票，核收一次手续费。

2. 下列情况只核收手续费，但已经使用至到站的除外：

（1）旅客在票面指定的日期、车次开车前乘车的，应补签。

（2）旅客所持车票日期、车次相符但未经车站剪口的，应补剪。

（3）持通票的旅客中转换乘应签证而未签证的，应补签。

3. 旅客不能按票面指定的日期、车次乘车时，应当在票面指定的日期、车次开车前办理一次提前或推迟乘车签证手续，特殊情况经站长同意可在开车后 2 h 内办理。持动车组列车车票的旅客改乘当日其他动车组列车时不受开车后 2 h 内限制。团体旅客不应晚于开车前 48 h。

4. 旅客在发站办理改签时，改签后的车次票价高于原票价时，核收票价差额；改签后的车次票价低于原票价时，退还票价差额。

旅客办理中转签证或在列车上办理补签、变更席（铺）位时，签证或变更后的车次、席（铺）位票价高于原票价时，核收票价差额；签证或变更后的车次、席（铺）位票价低于原票价时，票价差额部分不予退还。

5. 旅客同时提出变更座别、铺别和越站时，应先办理越站，后办理变更，使用一张代用票，核收一次手续费。

二、处理方法

1. 事由栏

补签、越站。

2. 查里程

徐州东 $\overset{272\ km}{\rule{2cm}{0.4pt}}$ 滁州 $\overset{59\ km}{\rule{1.5cm}{0.4pt}}$ 南京南，合计 331 km。

3. 计算票价

（1）票价：

徐州东至南京南高铁二等座票价：149.50 元

徐州东至滁州高铁二等座票价：124.50 元

票价差：149.50－124.50＝25.00（元）

（2）手续费：2.00 元

（3）合计：25.00＋2.00＝27.00（元）

4.记事栏

填记"收回原票 提前乘车"。

代用票填写如图 78 所示。

D000074

沈 阳 铁 路 局

代 用 票

2017 年 7 月 1 日乙（旅客）

事由	补签越站				

原票	种别	日期	2017年7月1日	座别	二等
		号码	Z53L066891	经由	
	动车组	发站	徐州东	票价	124.50
		到站	滁州	记事	4车14C

自 徐州东 站至 南京南 站　经由

全程 331/59 千米

加收 至 间 票价

补收 徐州东 至 南京南 间　票价差 25.00

限乘当日第 G1223 次列车　客票票价

于 当日当次月 日到达有效　快票价

座别	人	数	卧票价	
二等	全价	壹	手续费	2.00
	半价	#		
	儿童	#	合计	27.00

记事　收回原票 提前乘车

沈 沈阳 段第 G1223 次列车列车长 沈局×××印

站售票员 沈阳段印

注意事项 ①核收票价与剪断线不符时，按无效处理（不足 10 元的除外，超过万元的保留最高额）。
②撕角、补贴、涂改即作无效。

D000074

D000074

9 8 7 6 5 4 3 2 1 拾元
9 8 7 6 5 4 3 2 1 佰元
9 8 7 6 5 4 3 2 1 仟元

图 78 代用票填写样例

实例 75 成年人持儿童票

[《铁总运电〔2015〕45 号、关于规范互联网学生、儿童票换票管理的通知》(客票〔2012〕80 号)]

2017 年 7 月 1 日,一名成年旅客(居民身份证号码 41×××××1984××××554X)持高速动车 G1224 次(宁波—沈阳北)宁波至杭州东的网购儿童车票(票号 Z2L018966,票价 35.50 元, 孩网,6 车 4F)乘车,被列车验票发现。列车如何处理?

一、处理依据

成年人持儿童票进站、乘车的,车站发现时,应当拒绝其进站、乘车;列车发现时,按无票 处理。

二、处理方法

1. 事由栏

无票。

2. 查里程

宁波$\overset{155\text{ km}}{———}$杭州东。

3. 计算票价

(1)票价:

高铁二等座票价:71.00 元

(2)手续费:2.00 元

(3)合计:71.00+2.00=73.00(元)

4. 记事栏

填记"成年人持儿童票乘车   原票号 Z2L018966   身份证号 41××××1984××××554X"。

代用票填写如图 79 所示。

D000075

沈 阳 铁 路 局

代 用 票

2017 年 7 月 1 日乙（旅客）

D000075

事由	无票

原票	种　别	日期	年　月　日	座别	
		号码		经由	
		发站		票价	
		到站		记事	

自	宁波	站至	杭州东	站	经由	
					全程	155　千米

加收	至	间	票价	
补收	至	间	票价	

限乘当日第	G1224	次列车	客票票价	71.00
于 当日当次 月		日到达有效	快票价	
座　别	人	数	卧票价	

二等	全　价	壹	手续费	2.00
	半　价	#		
	儿　童	#	合　计	73.00

记事	成年人持儿童票乘车　原票号Z2L018966 身份证号41****1984****554X

沈 沈阳 段第 G1224 次列车列车长 沈局 ××× 沈阳段 印 印
站售票员

拾元 9 8 7 6 5 4 3 2 1
佰元 9 8 7 6 5 4 3 2 1
仟元 9 8 7 6 5 4 3 2 1

注意事项　①核收票价与剪断线不符时，按无效处理（不足10元的除外，超过万元的保留最高额）。
②撕角、补贴、涂改即作无效。

D000075

图 79　代用票填写样例

实例 76　误　　售

（《客规》40 条，《价规》16 条）

2017 年 8 月 31 日，新空快速 K516/7 次（上海—吉林）列车唐山站开车后，利用"铁路客运站车无线交互系统"核对席位时，7 车 18 号上铺"特殊票种"显示"半"，查看旅客车票和乘车凭证，发现旅客常**（居民身份证号码 3416**1999****2711）系沈阳某大学新生，持录取通知书在**站代售点购买的半价空调硬座快速客快卧车票（徐州至沈阳北，票号 D9A037472，票价 144.50 元）。列车如何办理？

一、处理依据

1. 发生车票误售、误购时，在发站应换发新票。在中途站、原票到站或列车内应补收票价时，换发代用票，补收票价差额。应退还票价时，站、车应编制客运记录交旅客，作为乘车至正当到站要求退还票价差额的凭证，并应以最方便的列车将旅客运送至正当到站，均不收取手续费或退票费。

2. 学生票可享受硬座客票、加快票和空调票的优惠，学生票票价按相应客票和附加票票价的 50% 计算。持学生票乘车的学生使用硬卧时，应另收全价硬卧票票价，有空调时还应另收半价空调票票价。

二、处理方法

1. 事由栏

误售。

2. 查里程

徐州 $\xrightarrow{1\,365\text{ km}}$ 沈阳北，经天津。

3. 计算票价

（1）空调硬座快速票价：168.50 元

半价空调硬座快速票价：84.50 元

（2）空调硬卧（上）票价：120.00 元

半价空调硬卧（上）票价：60.00 元

（3）原票价：84.50＋60.00＝144.50（元）

（4）全半价硬卧（上）票价差：120.00－60.00＝60.00（元）

4. 记事栏

填记"原票收回　7 车 18 号上"。

代用票填写如图 80 所示。

D000076

沈 阳 铁 路 局

代 用 票

2017 年 8 月 31 日乙（旅客）

事由	误售

原票	种 别	日期	2017年7月30日	座别	硬
	客快卧	号码	D9A037472	经由	
		发站	徐州	票价	144.50
		到站	沈阳北	记事	字

自 徐州 站至 沈阳北 站	经由	
	全程	1365 千米

加收 至 间	票价	
补收 徐州 至 沈阳北 间 硬卧上全字价	票价差	60.00
限乘当日第 K517 次列车	客票票价	
于 当日当次 月 日到达有效	快票价	
座 别 人 数	卧票价	

硬	全 价	#	手续费	
	半 价	壹		
	儿 童	#	合 计	60.00

记事	原票收回 7车18号上

沈 吉林 段第 K517 次列车列车长 〔沈局 ××× 吉林段〕印 印
站售票员

D000076

注意事项	①核收票价与剪断线不符时，按无效处理（不足10元的除外，超过万元的保留最高额）。
	②撕角、补贴、涂改即作无效。

拾元 9 8 7 6 5 4 3 2 1
佰元 9 8 7 6 5 4 3 2 1
仟元 9 8 7 6 5 4 3 2 1

D000076

图 80 代用票填写样例

第二部分　客运运价杂费收据

一、客运运价杂费收据用途、规格和印制方法

车站、列车在核收或补收未规定固定票据的票价、运费和杂费时,填写客运运价杂费收据(简称客杂,如图 81 所示)。

客杂不能作为乘车凭证或运输报单。列车对超重超限携带品补费,用客运运价杂费收据核收。

杂费收据分甲、乙、丙三页。乙页给付款人,丙页上报,甲页留站存查。

客运运价杂费收据三页均为薄纸复写式,尺寸为 130 mm×150 mm。每 50 组为一册,按甲、乙、丙顺序在上端反穿铁丝装订。顺序号码由 000001～100000 号循环,每 10 万张附记字母 A、B、C……符号(I、O 除外)。各页均用黑色印刷。

二、客运运价杂费收据的填记方法

填写时字迹要清楚,项目齐全,金额不得更改,按收费种别分别填入核收费用栏内,不用各栏划斜线抹消。

发站、到站按所持客票(或实际发、到站)填写。

收费种别栏分别不同情况填写客票票价、客快票价、票价差、加收票款、手续费、超重、超大、动物、初生雏、危险品或禁限品、空驶费、挂运费、保管费、运费、加倍运费等。

件数、重量栏填记应补收携带品运费的件数、重量(即按扣免后的件数、重量)。

记事栏注明有关计费基础:运价里程、车次,并简要记载携带品名称、全部重量、件数等。列车补费时除有标记重量、规格外,还应注明"旅客自述"字样。

站经办人栏填记车次,加盖列车长规定名章或填记车站,加盖经办人规定名章。

三、客运运价杂费收据填写步骤

1. 确定补费种别。
2. 查里程。
3. 计算运输费用。
4. 填写记事栏。

铁 路 局　　　　　乙

客 运 运 价 杂 费 收 据

20　　年　　月　　日　　　　　（旅客用）

原票据	种别	日期		月　日　时到达、通知、变更	
		号码		月　日　时交　付	
		发站		核收保管费　　　　日	
		到站			
核　收　区　间			核　收　费　用		款　额
			种别	件数	重量	
自 ＿＿＿＿ 站						
至 ＿＿＿＿ 站						
经　由（　　　）						
座别 ＿＿ 人数 ＿＿			合　　　计			
记事					

＿＿＿＿＿ 站经办人 ＿＿＿＿＿ 印

Z000000

图 81　客运运价杂费收据样式

四、旅客携带品

(一)旅客携带品的范围

1. 重量方面

旅客携带品免费重量成人(含买全价票的儿童)旅客 20 kg,儿童旅客(含免费儿童) 10 kg,外交人员(持外交护照)35 kg,新老兵运输期间新老兵 35 kg。

免费重量的几点说明:

(1)每件最大重量不超过 20 kg。

(2)包车时,按实际乘车人数计算免费重量。

(3)残疾人旅行代步的折叠轮椅可以免费携带并不计在免费重量之内。

(4)旅客旅行携带品中少量的水果、点心、文件袋以及随身穿着的衣物等零星细小物品,如超重部分重量少于 5 kg,可放宽不补运费,但不是携带品的免费重量为 25 kg。

2. 体积方面

旅客携带品的外部尺寸,每件长、宽、高之和不得超过 160 cm,乘动车组不超过130 cm;杆状物品不超过 200 cm。

(二)物品方面的限制

为了贯彻国家法令,保证旅客生命财产安全和车内的公共卫生,下列物品不准带进站和列车内:

(1)国家禁止或限制运输的物品。

(2)法律、法规、规章中规定的危险品、弹药和承运人不能判明性质的化工产品。

铁路运输的危险货物按其主要危险性和运输要求划分类项和品名为如下九类:爆炸品,气体,易燃液体,易燃固体、易于自燃的物质、遇水放出易燃气体的物质,氧化性物质和有机过氧化物,毒性物质和感染性物质,放射性物质,腐蚀性物质,杂项危险物质和物品。

(3)动物及妨碍公共卫生(包括有恶臭等异味)的物品。

(4)能够损坏或污染车辆的物品。

(5)规格或重量超过规定的物品。

为了方便旅客的旅行,并在保证安全和卫生的条件下,可限量携带下列物品:

(1)普通打火机 2 个、安全火柴 2 小盒。

(2)不超过 20 mL 的指甲油、去光剂、染发剂;不超过 120 mL 的冷烫精、摩丝、发胶、卫生杀虫剂、空气清新剂。

(3)军人、武警、公安人员、民兵、猎人凭法规规定的持枪证明佩带的枪支子弹。

(4)初生雏 20 只。

(三)旅客违章携带物品的处理

旅客携带品超过免费重量或超过规定的外部尺寸时,按下列方法处理:

(1)在发站禁止进站上车。

(2)在车内或下车站,对超过免费重量的物品,其超重部分应补收四类包裹运费。对不可分拆的整件超重、超大物品、动物,按该件全部重量补收上车站至下车站四类包裹运费。

(3)发现旅客携带危险品或国家禁止、限制运输的物品以及妨碍公共卫生的物品、损坏污染车辆的物品,均按该件全部重量加倍补收乘车站至下车站四类包裹运费。

危险物品交前方停车站处理,必要时移交公安部门处理。对有必要就地销毁的危险品应就地销毁,使之不能产生为害,并不承担任何赔偿责任。

没收危险品时,应向被没收人出具书面证明(《没收危险品决定书》),被没收人签字。

(4)如旅客携带超重、超大的物品价值低于运费时,可按物品价值的 50%核收运费。

(5)补收运费时,不得超过本次列车的始发和终到站。

（6）发现旅客违章携带物品（包括几人同时携带一件超重或超大物品）时，在车站，应拒绝进站或动员旅客办理托运；对已带入车内的，应补收运费，妥善安排，必要时可放入行李车内。

对已带入车内的猫、狗、猴等宠物，应安排在列车通过台由旅客自己照看，宠物发生意外或伤害其他旅客时，由携带者负责。

（7）对违章携带的物品补收运费时，一律填写客运运价杂费收据，注明日期、发到站、车次、事由、件数、重量。具体处理过程中，应本着实事求是的态度，区别不同的违章情况，妥善处理。对携带品超重不足 5 kg 时，应免收运费。

（四）相关规定

1. 包裹重量以千克为单位，不足 1 kg 进位 1 kg。
2. 包裹起码重量为 5 kg，每张包裹票的起码运费为 1 元。
3. 计算运费时用行包运价表中的千克运价率乘以行李、包裹的重量。
4. 包裹运费以元为单位，尾数保留到角。
5. 在车内超过免费重量的物品其超重部分应补收四类包裹运费。
6. 行李、包裹均按物品重量计算运价，但有规定计价重量的物品按规定重量计价。

行李、包裹规定计价重量

物品名称	计价单位	规定计价重量(kg)	备　注
残疾人用车	辆	25	以包裹托运时，按实际重量计算
自行车	辆	25	
助力自行车	辆	40	含机动自行车
两轮轻型摩托车	辆	50	①含轻骑；②汽缸容量 50 cm³ 以下时
两轮重型摩托车	辆	按汽缸容量 cm³ 折合 1 kg 计算	汽缸容量超过 50 cm³ 时
警犬、猎犬	头	20	超重时，按实际重量计算

五、实例解析

实例 77　旅客携带一般物品超重（列车处理）

（《客规》51、53 条,《细则》52 条）

2016 年 7 月 1 日,K78 次(长春—宁波)列车吉林站开车后,验票发现一旅客持吉林至天津车票,携带行李 1 件 10 kg,书籍 1 件 16 kg。列车如何处理?

一、处理依据

1. 旅客携带品由自己负责看管。每人免费携带品的重量和体积是:

儿童(含免费儿童)10 kg,外交人员 35 kg,其他旅客 20 kg。每件物品外部尺寸长、宽、高之和不超过 160 cm,杆状物品不超过 200 cm,但乘坐动车组列车不超过 130 cm;重量不超过 20 kg。

残疾人旅行时代步的折叠式轮椅可免费携带并不计入上述范围。

2. 旅客违章携带物品按下列规定处理:

在车内或下车站,对超过免费重量的物品,其超重部分应补收四类包裹运费。

二、处理方法

1. 种别栏

超重。

2. 查里程

吉林$\xrightarrow{1\,153\text{ km}}$天津。

3. 计算运输费用

携带品共重 26 kg,超重 6 kg。

按四类包裹核收超重部分运费:$1.959 \times 6 \approx 11.80$(元)

4. 记事栏

填记"1 153 千米　旅客自述　行李 1 件 10 千克、书籍 1 件 16 千克"。

客运运价杂费收据填写如图 82 所示。

沈 阳 铁 路 局
客 运 运 价 杂 费 收 据

乙

2016 年 7 月 1 日 （旅客用）

原票据	种 别	日期			月 日 时到达、通知、变更
		号码			月 日 时 交 付
		发站			
		到站			核收保管费　　　　　　日

核 收 区 间	核 收 费 用			款 额
	种 别	件 数	重 量	
自　　吉林　　站	超重	2	6	11.80
至　　天津　　站				
经 由（　　　）				
座别 硬 人数 壹	合　　　　　计			11.80

记事	1153千米　旅客自述：行李1件10千克、书籍1件16千克

K78次列车　　　站经办人　　　　印

Z000077

图 82　客运运价杂费收据填写样例

实例 78　旅客携带一般物品超重

（《客规》51、53 条）

2016 年 7 月 1 日,吉林站组织 K215 次(北京—图们)列车旅客出站时,发现一名旅客持天津至吉林车票,经检斤所携带的行李 1 件 10 kg,书籍一件 16 千克。吉林站如何处理?

一、处理依据

1. 旅客携带品由自己负责看管。每人免费携带品的重量和体积是:

儿童(含免费儿童)10 kg,外交人员 35 kg,其他旅客 20 kg。每件物品外部尺寸长、宽、高之和不超过 160 cm,杆状物品不超过 200 cm,但乘坐动车组列车不超过 130 cm;重量不超过 20 kg。

残疾人旅行时代步的折叠式轮椅可免费携带并不计入上述范围。

2. 旅客违章携带物品按下列规定处理:

在车内或下车站,对超过免费重量的物品,其超重部分应补收四类包裹运费。

二、处理方法

1. 种别栏

超重。

2. 查里程

天津$\xrightarrow{1\,153\ km}$吉林。

3. 计算运输费用

携带品共重 26 kg,超重 6 kg

按四类包裹核收超重部分运费:$1.959 \times 6 \approx 11.80$(元)

4. 记事栏

填记"K215 次 1 153 千米　　行李 1 件 10 千克、书籍 1 件 16 千克"。

客运运价杂费收据填写如图 83 所示。

沈 阳 铁 路 局
客运运价杂费收据

乙

2016 年 7 月 1 日

（旅客用）

原票据	种别	日期		月　　日　　时到达、通知、变更			
		号码		月　　日　　时交　　付			
		发站					
		到站		核收保管费			日

核　　收　　区　　间		核　收　费　用			款　　额
		种别	件数	重量	
自＿＿＿天津＿＿＿站		超重	2	6	11.80
至＿＿＿吉林＿＿＿站					
经　由（　　　　　）					
座别 硬 人数 壹		合　　　　计			11.80

记事	K215次　　1153千米　　行李1件10千克、书籍1件16千克

＿＿吉林＿＿　站经办人　＿＿＿＿＿　（沈局 ××× 吉林站）　印

Z000078

图83　客运运价杂费收据填写样例

实例 79　不可分拆的整件物品超重、超大（列车处理）

（《客规》51 条、53 条,《细则》51、52 条）

2016 年 7 月 1 日,K1229 次(大连—齐齐哈尔)列车发现一名旅客持大连至抚顺北通票,携带一件重 15 kg 铁梨木箱(长 62 cm、宽 50 cm、高 50 cm),在沈阳站中转换车。列车如何处理?

一、处理依据

1. 旅客携带品由自己负责看管。每人免费携带品的重量和体积是:

儿童(含免费儿童)10 kg,外交人员 35 kg,其他旅客 20 kg。每件物品外部尺寸长、宽、高之和不超过 160 cm,杆状物品不超过 200 cm,但乘坐动车组列车不超过 130 cm;重量不超过 20 kg。

残疾人旅行时代步的折叠式轮椅可免费携带并不计入上述范围。

2. 旅客违章携带物品按下列规定处理:

在车内或下车站,对超过免费重量的物品,其超重部分应补收四类包裹运费。对不可分拆的整件超重、超大物品、动物,按该件全部重量补收上车站至下车站四类包裹运费。

补收运费时,不得超过本次列车的始发和终点站。

3. 发现旅客违章携带物品(包括几人同时携带一件超重或超大物品)时,在车站,应拒绝进站或动员旅客办理托运;对已带入车内的,应补收运费,妥善安排,必要时可放入行李车内。

二、处理方法

1. 种别栏

超大。

2. 查里程

大连$\overset{397 \text{ km}}{=\!=\!=}$沈阳。

3. 计算运输费用

铁梨木箱超大不可分拆,按 15 kg 四类包裹核收运费:

0.759×15＝11.40(元)

4. 记事栏

填记"397 千米　旅客自述:铁梨木箱 1 件(62 厘米×50 厘米×50 厘米)15 千克"。

客运运价杂费收据填写如图 84 所示。

沈 阳 铁 路 局

乙

客 运 运 价 杂 费 收 据

2016 年 7 月 1 日   （旅客用）

原票据	种 别	日期		月 日 时到达、通知、变更			
		号码		月 日 时 交 付			
		发站					
		到站		核收保管费			日

核 收 区 间	核 收 费 用			款 额
	种 别	件 数	重 量	
自 __大连__ 站	超大	1	15	11.40
至 __沈阳__ 站				
经 由（ ）				
座别 __硬__ 人数 __壹__	合 计			11.40

记事	397千米　旅客自述：铁梨木箱1件（62厘米×50厘米×50厘米）15千克

K1229次列车   站经办人   （沈局 ××× 长春段）   印

Z000079

图 84 客运运价杂费收据填写样例

实例 80　不可分拆的整件物品超重、超大

（《客规》51、53 条，《细则》51 条）

2016 年 7 月 1 日,沈阳站组织 K1229 次(大连—齐齐哈尔)列车旅客出站时,发现一名旅客持大连至抚顺北通票,携带一件重 15 kg 铁梨木箱(长 62 cm、宽 50 cm、高 50 cm),在沈阳站中转换车。沈阳站如何处理?

一、处理依据

1. 旅客携带品由自己负责看管。每人免费携带品的重量和体积是:

儿童(含免费儿童)10 kg,外交人员 35 kg,其他旅客 20 kg。每件物品外部尺寸长、宽、高之和不超过 160 cm,杆状物品不超过 200 cm,但乘坐动车组列车不超过 130 cm;重量不超过 20 kg。

残疾人旅行时代步的折叠式轮椅可免费携带并不计入上述范围。

2. 旅客违章携带物品按下列规定处理:

在车内或下车站,对超过免费重量的物品,其超重部分应补收四类包裹运费。对不可分拆的整件超重、超大物品、动物,按该件全部重量补收上车站至下车站四类包裹运费。

补收运费时,不得超过本次列车的始发和终到站。

3. 发现旅客违章携带物品(包括几人同时携带一件超重或超大物品)时,在车站,应拒绝进站或动员旅客办理托运;对已带入车内的,应补收运费,妥善安排,必要时可放入行李车内。

二、处理方法

1. 种别栏

超大。

2. 查里程

大连$\overset{397\ km}{——}$沈阳。

3. 计算运输费用

铁梨木箱超大不可分拆,按 15 kg 四类包裹核收运费:

0.759×15＝11.40(元)

4. 记事栏

填记"K1229 次 397 千米　铁梨木箱 1 件(62 厘米×50 厘米×50 厘米)15 千克"。

客运运价杂费收据填写如图 85 所示。

沈 阳 铁 路 局

乙

客运运价杂费收据

2016 年 7 月 1 日

（旅客用）

原票据	种　别	日期		月　　日　　时到达、通知、变更			
		号码		月　　日　　时交　　付			
	发站			核收保管费			日
	到站						

核　收　区　间		核　收　费　用			款　额
		种　别	件　数	重　量	
自　　大连　　站		超大	1	15	11.40
至　　沈阳　　站					
经　由（　　　　）					
座别　硬　人数　壹		合　　　　计			11.40

记事	K1229次　397千米　铁梨木箱（62厘米×50厘米×50厘米） 15千克

沈阳　　站经办人　　（沈局 ××× 沈阳站）　印

Z000080

图 85　客运运价杂费收据填写样例

实例 81　旅客携带危险品乘车（列车处理）

（《客规》52 条、53 条 3、5 款，《细规》51、52 条）

2016 年 7 月 1 日，Z118 次（吉林—北京）列车长春站开车后（前方停车站沈阳北站），发现一名旅客持吉林至沈阳北车票（票号 H012365），携带一辆重 29 kg 的自行车（整件未分装）和一纸箱包装标记重量 17 kg 的仪器（纸箱内藏有 1 kg 的鞭炮）。列车如何处理？

一、处理依据

1. 发现危险品或国家禁止、限制运输的物品，妨碍公共卫生的物品，损坏或污染车辆的物品，按该件全部重量加倍补收乘车站至下车站四类包裹运费。危险物品交前方停车站处理；必要时移交公安部门处理。对有必要就地销毁的危险品应就地销毁，使之不能为害并不承担任何赔偿责任。

没收危险品时，应向被没收人出具书面证明。

2. 补收运费时，不得超过本次列车的始发和终点站。

3. 自行车每辆按 25 kg 补收运费。

二、处理方法

自行车按规定计价重量计价；危险品按该件全部重量加倍补收乘车站至下车站四类包裹运费。

1. 种别栏

超重、危险品。

2. 查里程

吉林$\xrightarrow{428\ km}$沈阳北。

3. 计算运输费用

（1）补收 25 kg 四类包裹运费（自行车）：

0.812×25＝20.30（元）

（2）加倍补收 17 千克四类包裹运费（鞭炮，危险品）：

0.812×17×2＝27.60（元）

（3）合计 20.30＋27.60＝47.90（元）

4. 记事栏

填记"428 千米　旅客自述：纸箱 1 件（内有 1 千克鞭炮）17 千克、自行车 1 辆 29 千克"。

5. 危险品鞭炮予以没收，立即用水浸湿，并交公安部门处理。

客运运价杂费收据填写如图 86 所示。

沈 阳 铁 路 局

客运运价杂费收据

乙

2016　年　7　月　1　日　　　　　（旅客用）

原票据	种　别	日期		月　　　日　　时到达、通知、变更
		号码		月　　　日　　时　交　　付
		发站		核收保管费　　　　　　　　日
		到站		

核　收　区　间	核　收　费　用			款　　额
	种　别	件　数	重　量	
自　　吉林　　站	危险品	1	17	27.60
至　　沈阳北　　站	超重	1	25	20.30
经　由（　　　）				
座别 硬 人数 壹	合　　　　计			47.90

| 记事 | 428千米　旅客自述：纸箱1件（内有1千克鞭炮）17千克、自行车1辆29千克 |

Z118　　　　站经办人　　　　　　　　印

Z000081

图86　客运运价杂费收据填写样例

实例 82　旅客携带危险品乘车

（《客规》53 条 3、5 款，《价规》20 条）

2016 年 7 月 1 日，沈阳北站组织 Z118 次（吉林—北京）列车旅客出站时，发现一名旅客持吉林至沈阳北车票（票号 H012365），携带一辆重 29 kg 的自行车（整件未分装）和一纸箱包装标记重量 17 kg 的仪器（纸箱内藏有 1 kg 的鞭炮）。沈阳北站如何处理？

一、处理依据（同上）

1. 发现危险品或国家禁止、限制运输的物品，妨碍公共卫生的物品，损坏或污染车辆的物品，按该件全部重量加倍补收乘车站至下车站四类包裹运费。危险物品交前方停车站处理；必要时移交公安部门处理。对有必要就地销毁的危险品应就地销毁，使之不能为害并不承担任何赔偿责任。

没收危险品时，应向被没收人出具书面证明。

2. 自行车每辆按 25 kg 补收运费。

3. 补收运费时，不得超过本次列车的始发和终点站。

二、处理方法

自行车按规定计价重量计价；危险品按该件全部重量加倍补收乘车站至下车站四类包裹运费。

1. 种别栏

超重、危险品。

2. 查里程

吉林$\xrightarrow{428 \text{ km}}$沈阳北。

3. 计算运输费用

（1）补收 25 kg 四类包裹运费（自行车）：

$0.812 \times 25 = 20.30$（元）

（2）加倍补收 17 kg 四类包裹运费（鞭炮，危险品）：

$0.812 \times 17 \times 2 = 27.60$（元）

（3）合计 $20.30 + 27.60 = 47.90$（元）

4. 记事栏

填记"Z118 次 428 千米　纸箱 1 件（内有 1 千克鞭炮）17 千克、自行车 1 辆 29 千克"。

5. 危险品鞭炮予以没收，交公安部门处理。

客运运价杂费收据填写如图 87 所示。

沈 阳 铁 路 局

乙

客 运 运 价 杂 费 收 据

2016 年 7 月 1 日

（旅客用）

原票据	种 别	日 期			月 日 时到达、通知、变更			
		号 码			月 日 时 交 付			
		发 站						
		到 站			核收保管费 日			

核 收 区 间		核 收 费 用			款 额
		种 别	件 数	重 量	
自 ___吉 林___ 站		危险品	1	17	27.60
至 ___沈阳北___ 站		超 重	1	25	20.30
经 由（ ）					
座别 __硬__ 人数 __壹__		合 计			47.90

记事	Z118次 428千米 纸箱1件（内有1千克鞭炮）17千克、自行车1辆29千克

___沈阳北___ 站经办人 _____ 印

沈局
×××
沈阳北站

Z000082

图 87 客运运价杂费收据填写样例

实例 83 旅客携带宠物狗乘车（列车处理）

（《客规》53 条 2、5 款、《价规》52 条）

2016 年 7 月 1 日，K7390 次（靖宇—吉林）列车通化站开车后，发现 15 号硬卧车厢一旅客携带宠物狗乘车，旅客自述小狗重量为 4 kg，其车票发到站为靖宇至吉林。列车如何处理？

一、处理依据

1. 在车内或下车站，对超过免费重量的物品，其超重部分应补收四类包裹运费。对不可分拆的整件超重、超大物品、动物，按该件全部重量补收上车站至下车站四类包裹运费。

对已带上车的宠物，应安排在列车通过台由旅客自己看管，宠物发生意外或伤害其他旅客时，由携带者负责。

2. 补收运费时，不得超过本次列车的始发和终点站。

3. 行李、包裹起码重量为 5 kg，每张行李、包裹票的起码运费为 1 元。

二、处理方法

1. 种别栏

动物。

2. 查里程

靖宇$\xrightarrow{789\ km}$吉林。

3. 计算运输费用

宠物狗重量按 5 kg 计算：$1.370 \times 5 \approx 6.90$（元）

4. 记事栏

填记"789 千米 旅客自述：宠物狗重 4 千克"。

客运运价杂费收据填写如图 88 所示。

沈 阳 铁 路 局
客 运 运 价 杂 费 收 据

乙

2016 年 7 月 1 日　　　　　　　　（旅客用）

原票据	种别	日期		月　　日　　时 到达、通知、变更		
		号码		月　　日　　时 交　　付		
		发站		核收保管费　　　　　　　日		
		到站				
核　收　区　间				核 收 费 用		款　额
				种别	件数	重量
自　　靖宇　　站				动物	1	5	6.90
至　　吉林　　站						
经　由（　　　）						
座别　硬　人数　壹				合　　　　计		6.90

记事	789千米　旅客自述宠物狗重4千克

K7390次列车　　站经办人　　　　　　　　　　印

Z000083

图 88　客运运价杂费收据填写样例

实例 84　旅客携带宠物狗乘车

《《客规》53 条 2、5 款，《价规》21 条）

2016 年 7 月 1 日。吉林站组织 K7387 次（靖宇—吉林）列车旅客出站时，发现一名旅客持靖宇至吉林车票携带宠物狗出站。经检斤宠物狗重量为 4 kg。吉林站如何处理？

一、处理依据

1. 在车内或下车站，对超过免费重量的物品，其超重部分应补收四类包裹运费。对不可分拆的整件超重、超大物品、动物，按该件全部重量补收上车站至下车站四类包裹运费。

2. 补收运费时，不得超过本次列车的始发和终点站。

二、处理方法

1. 种别栏

动物。

2. 查里程

靖宇$\xrightarrow{789\ km}$吉林。

3. 计算运输费用

宠物狗重量按 5 kg 计算：$1.370 \times 5 \approx 6.90$（元）

4. 记事栏

填记"K7387 次　789 千米　宠物狗重 4 千克"。

客运运价杂费收据填写如图 89 所示。

沈 阳 铁 路 局
客 运 运 价 杂 费 收 据

乙

2016 年 7 月 1 日

（旅客用）

原票据	种 别	日期		月　　日　　时到达、通知、变更
		号码		月　　日　　时交　付
		发站		核收保管费　　　　　　日
		到站		

核 收 区 间	核 收 费 用			款 额
	种 别	件 数	重 量	
自____靖宇____站	动物	1	5	6.90
至____吉林____站				
经 由（　　　）				
座别 硬 人数 壹	合　　　计			6.90

| 记事 | K7387次　789千米　宠物狗重4千克 |

____吉林____站经办人_____印

沈局
×××
吉林站

Z000084

图 89　客运运价杂费收据填写样例

实例 85　旅客携带物品价值较低（列车处理）

（《客规》53 条 4、5 款）

2016 年 7 月 1 日，K516 次（上海—吉林）列车开车后，发现一名旅客持上海至长春车票一张，携带水果（柚子）4 箱（每箱 11 kg，上海柚子市场价为 2.00 元/kg）。列车如何处理？

一、处理依据

1. 如旅客超重、超大的物品价值低于运费时，可按物品价值的 50% 核收运费。

2. 补收运费时，不得超过本次列车的始发和终点站。

二、处理方法

1. 种别栏

超重。

2. 查里程

上海 $\xrightarrow{\text{2 314 km}}$ 长春。

3. 计算运输费用

携带品共重 44 kg，超重 24 kg。

按四类包裹核收超重部分运费：3.483×24≈83.60（元）

超重部分物品价值的 50%：2.00×24.00×50%＝24.00（元）

故应按 24.00 元核收运费。

4. 记事栏

填记"2 314 千米　旅客自述：柚子四箱（每箱重 11 千克）超重部分价值为 48.00 元"。

客运运价杂费收据填写如图 90 所示。

沈 阳 铁 路 局
客运运价杂费收据

乙

2016 年 7 月 1 日　　　　（旅客用）

原票据	种　别	日期		月　　　日　　时到达、通知、变更			
		号码		月　　　日　　时交　付			
		发站		核收保管费　　　　　　　日			
		到站					

核　收　区　间	核　收　费　用			款　额
	种　别	件　数	重　量	
自　　上海　　站	超重	4	24	24.00
至　　长春　　站				
经　由（　　　）				
座别　硬　人数　壹	合　　　计			24.00

| 记事 | 2314千米　旅客自述柚子四箱（每箱重11千克）超重部分价值为48.00元 |

K516次列车　站经办人　　　　　　印

沈局
×××
长春段

Z000085

图90　客运运价杂费收据填写样例

190

实例 86　旅客携带物品价值较低

（《客规》53 条 4、5 款）

2016 年 7 月 1 日，长春站组织 K517 次（上海—长春）列车旅客出站时，发现一名旅客持上海至长春车票一张，经检斤携带水果（柚子）4 箱（每箱 11 kg，长春柚子市场价为 2.00 元/kg）。长春站如何处理？

一、处理依据

1. 如旅客超重、超大的物品价值低于运费时，可按物品价值的 50% 核收运费。

2. 补收运费时，不得超过本次列车的始发和终点站。

二、处理方法

1. 种别栏

超重。

2. 查里程

上海 $\xrightarrow{2\,314\ km}$ 长春。

3. 计算运输费用

携带品共重 44 kg，超重 24 kg。

按四类包裹核收超重部分运费：$3.483 \times 24 \approx 83.60$（元）

超重部分物品价值的 50%：$2.00 \times 24.00 \times 50\% = 24.00$（元）

故应按 24.00 元核收运费。

4. 记事栏

填记"K517 次　2 314 千米　柚子四箱（每箱重 11 千克）超重部分价值为 48.00 元"。

客运运价杂费收据填写如图 91 所示。

沈阳铁路局
客运运价杂费收据

乙

2016 年 7 月 1 日　　　　　　　　（旅客用）

原票据	种别	日期		月　　日　　时到达、通知、变更
		号码		月　　日　　时交　　付
		发站		
		到站		核收保管费　　　　　　　日

核　收　区　间	核　收　费　用			款　额
	种别	件数	重量	
自＿＿＿上海＿＿＿站	超重	4	24	24.00
至＿＿＿长春＿＿＿站				
经　由（＿＿＿＿＿）				
座别＿硬＿人数＿壹＿	合　　　　计			24.00

记事	K517次　2314千米　柚子四箱（每箱重11千克）　超重部分价值为48.00元

＿＿＿＿长春＿＿＿站经办人 ＿＿＿＿（沈局 ××× 长春站）＿＿＿印

Z000086

图 91　客运运价杂费收据填写样例

实例 87 旅客携带超量初生雏(列车处理)

(《客规》52、53 条,《价规》53 条)

2016 年 7 月 1 日,锦州站组织 K958 次(白城—青岛北)列车旅客出站时,发现一旅客持白城至锦州的车票,经检斤携带一只提包重 13kg、一只篮筐(内有 80 只初生雏,重 8 kg)。列车如何处理?

一、处理依据

1. 为方便旅客的旅行生活,限量携带下列物品:初生雏 20 只。

2. 旅客违章携带物品按下列规定处理:

在车内或下车站,对超过免费重量的物品,其超重部分应补收四类包裹运费。对不可拆的整件超重、超大物品、动物,按该件全部重量补收上车站至下车站四类包裹运费。

3. 补收运费时,不得超过本次列车的始发和终点站。

4. 对违章携带的物品补收运费时,一律填写客运运价杂费收据,注明日期、发到站、车次、事由、件数、重量。具体处理过程中,应本着实事求是的态度,区别不同的违章情况,妥善处理。对携带品超重不足 5 kg 时,应免收运费。

二、处理方法

1. 种别栏

初生雏。

2. 查里程

白城 $\overset{819\ km}{———}$ 锦州(经沈)。

3. 计算运输费用

旅客携带初生雏 80 只,重 8 kg;超量 60 只,重 6 kg。

按四类包裹核收超量部分运费:$1.433×6≈8.60$(元)

4. 记事栏

填记"819 千米 旅客自述:初生雏 80 只,重 8 千克 超量 60 只,重 6 千克"。

客运运价杂费收据填写如图 92 所示。

沈 阳 铁 路 局

客 运 运 价 杂 费 收 据

乙

2016 年 7 月 1 日 　　　（旅客用）

原票据	种别			月　　日　　时到达、通知、变更		
	日期 号码			月　　日　　时 交　　付		
	发站					
	到站		核收保管费　　　　　　　日			

核　收　区　间	核　收　费　用			款　额
	种别	件数	重量	
自　　白城　　站	初生雏	60	6	8.60
至　　锦州　　站				
经　由（　　　）				
座别 硬 人数 壹	合　　　　计			8.60

记事	819千米　旅客自述：初生雏80只，重8千克　超量60只，重6千克

K958次列车　　　　站经办人　　　　　　　　　印

沈局 ××× 长春段

Z000087

图 92　客运运价杂费收据填写样例

实例 88　旅客携带超量初生雏

2016 年 7 月 1 日,锦州站组织 K958 次(白城—青岛北)列车旅客出站时,发现一旅客持白城至锦州的车票,携带一只提包,经检斤重 13 kg,一只篮筐内有 80 只初生雏重 8 kg。锦州站如何处理?

一、处理依据

1. 为方便旅客的旅行生活,限量携带下列物品:初生雏 20 只。

2. 旅客违章携带物品按下列规定处理:

在车内或下车站,对超过免费重量的物品,其超重部分应补收四类包裹运费。对不可分拆的整件超重、超大物品、动物,按该件全部重量补收上车站至下车站四类包裹运费。

3. 补收运费时,不得超过本次列车的始发和终点站。

4. 对违章携带的物品补收运费时,一律填写客运运价杂费收据,注明日期、发到站、车次、事由、件数、重量。具体处理过程中,应本着实事求是的态度,区别不同的违章情况,妥善处理。对携带品超重不足 5 kg 时,应免收运费。

二、处理方法

1. 种别栏

初生雏。

2. 查里程

白城 $\overset{819\ km}{\rule{2em}{0.4pt}}$ 锦州(经沈)。

3. 计算运输费用

旅客携带初生雏 80 只,重 8 kg;超量 60 只,重 6 kg。

按四类包裹核收超量部分运费:$1.433 \times 6 \approx 8.60$(元)

4. 记事栏

填记"K958 次　819 千米　初生雏 80 只,重 8 千克　超量 60 只,重 6 千克"。

客运运价杂费收据填写如图 93 所示。

沈 阳 铁 路 局
客运运价杂费收据

乙

2016 年 7 月 1 日 　　　　　　　（旅客用）

原票据	种别	日期		月　　日　　时到达、通知、变更
		号码		月　　日　　时交　付
	发站			核收保管费　　　　　　　日
	到站			

核 收 区 间	核 收 费 用			款 额
	种 别	件 数	重 量	
自　　白城　　站	初生雏	60	6	8.60
至　　锦州　　站				
经 由（　　　　）				
座别 硬 人数 壹	合　　　　计			8.60

| 记事 | K958次　819千米　初生雏80只，重8千克　超量60只，重6千克 |

锦州　　　　站经办人　　　　　　　印

（沈局 ××× 锦州站）

Z000088

图 93　客运运价杂费收据填写样例

实例 89 票价订正通知书补款

（《运输收入报表格式及说明》"票价订正通知书（财收—9）"说明）

局收入审核部门审核 2016 年 6 月 23 日沈阳客运段 L10 次四组代用票 Q016721（葫芦岛—兴城，陆人客快卧）时，发现应收 268.00 元，实收 253.00 元（硬座普快票价：18.00 元，硬卧票价：220.00 元，手续费：15.00 元，合计：253.00 元），少收手续费 15.00 元，下发第 15 号"票价订正通知书"（财收—9）。列车如何处理？

一、处理依据

1. 票价订正通知书，是局收入稽核大队在审核各种客运票据发现少收票款时，用于补列相应运输收入和通知责任站段进行补款的凭证。

2. 局收入稽核大队对差错确认后填发票价订正通知书一式三份，责任班组收到票价订正通知书后，及时查对原票据，复查确实，并在 30 日内处理完毕，并按收到和处理等情况登记"票据、进款差错登记簿（财收—13—1）"。补交款额时，根据通知书内容和补收款额，填开杂费收据，在记事栏内互注号码，并注明"收回少收款"字样。1 份随杂费收据报局收入稽核大队，1 份站段留存。局收入稽核大队对杂费收据审核后，按照补收款列"处理少收款"项目。

二、处理方法

1. 少收补票手续费

30.00－15.00＝15.00（元）

2. 记事栏

填记"局编 15 号订正 收回少收款"。

客运运价杂费收据填写如图 94 所示。

沈 阳 铁 路 局

客 运 运 价 杂 费 收 据

乙

2016 年 7 月 1 日

（旅客用）

原票据	种别	日期	20160623	月 日 时到达、通知、变更		
	代用票	号码	Q016721	月 日 时 交 付		
		发站	葫芦岛	核收保管费 日		
		到站	兴城			

核 收 区 间	核 收 费 用			款 额
	种别	件数	重量	
自_____站	补票手续费			15.00
至_____站				
经 由（ ）				
座别____人数____	合 计			15.00

记事	局编第15号订正 收回少收款

L10次列车 站经办人 _____ 印

Z000089

图 94 客运运价杂费收据填写样例

实例 90　自检发现少收票款补款

(《收规》20 条 2 款,《运输收入报表格式及说明》"补款通知书(财收—10)"说明)

2016 年 7 月 1 日,沈阳客运段新空直达 Z188/7 次深六组列车值班员在互检代用票 Q004426[辽阳—惠州,贰人空调硬座特快卧(上)]时,发现应收 1025.00 元,实收 908.00 元 [客快票价 482.00 元,硬卧(上)票价 416.00 元,手续费 10.00 元,合计 908.00 元],少收 117.00 元。如何处理?

一、处理依据

1. 发站复核发现计算错误时,应及时办理补退款手续,并发电报通知到站及本企业收入管理部门,发生的补退款,列原运输收入项目。

2. 责任班组收到"补款通知书(财收—10)"后,及时查对原票据,复查确实,在 30 日内处理完毕,并按收到和处理等情况登记"票据、进款差错登记簿(财收—13—1)"。补交款额时,根据通知书内容和补收款额,填开杂费收据,在记事栏内互注号码,并注明"收回少收款"字样。1 份随杂费收据报铁路局收入部门,1 份站段留存。铁路局收入部门对杂费收据审核后,按照补收款列"处理少收款"项目。

3. 站段"三检复核"发现时,填制"补款通知书(财收—10)"并及时办理补款,并将通知书报铁路局收入部门。铁路局收入部门与审核结果核对确认后据以列账,不再下发通知书。

二、处理方法

1. 少收票款

599.00－482.00＝117.00(元)

2. 记事栏

填记"收回少收款"。

客运运价杂费收据填写如图 95 所示。

沈 阳 铁 路 局

客运运价杂费收据

乙

2016 年 7 月 1 日 （旅客用）

原票据	种 别	日期	20160701	月 日 时到达、通知、变更		
	代用票	号码	Q004426	月 日 时 交 付		
		发站	辽阳	核收保管费 日		
		到站	惠州			

核 收 区 间	核 收 费 用			款 额
	种 别	件 数	重 量	
自＿＿＿＿＿站	补少收票款			117.00
至＿＿＿＿＿站				
经 由（ ）				
座别＿＿＿人数＿＿	合 计			117.00

记事	收回少收款

Z188次列车 ＿＿＿＿＿＿站经办人＿＿＿＿＿印

沈局
×××
沈阳段

Z000090

图 95 客运运价杂费收据填写样例

实例 91　到站发现成人无票

（《客规》44 条 1 款、沈阳局补充规定 11 条）

2016 年 7 月 1 日,锦州站组织新空普快 2589 次(北京—松原)列车旅客出站时,发现一名无票人员,经确认系由山海关站上车。锦州站如何处理?

一、处理依据

无票乘车时,除按规定补票,核收手续费以外,铁路运输企业有权对其身份进行登记,并须加收已乘区间应补票价 50％的票款:

无票乘车时,补收自乘车站(不能判明时自始发站)起至到站止车票票价。持失效车票乘车按无票处理。

二、处理方法

1. 种别栏

客快票价、加收票款、手续费。

2. 查里程

山海关$\overset{184\ km}{\longrightarrow}$锦州。

3. 计算票款

(1)客快票价:空调硬座普快票价 25.50 元

(2)加收票款:25.50×50％＝13.00(元)

(3)手续费:2.00 元

(4)合计:25.50＋13.00＋2.00＝40.50(元)

4. 记事栏

填记"184 千米　2589 次下车无票"。

客运运价杂费收据填写如图 96 所示。

沈 阳 铁 路 局

客运运价杂费收据

乙

2016 年 7 月 1 日　　　　　　（旅客用）

原票据	种别	日期		月　日　时到达、通知、变更			
		号码		月　日　时交　付			
		发站		核收保管费　　　　　　日			
		到站					

核　收　区　间		核　收　费　用			款　额
		种　别	件　数	重　量	
自　　山海关　　站		客快票价			25.50
至　　锦州　　站		加收票价			13.00
经　由（　　　　）		手续费			2.00
座别　硬　人数　壹		合　　　　计			40.50

记事	184千米　2589次下车无票

锦州　　　　站经办人　　　　　　　印

Z000091

图 96　客运运价杂费收据填写样例

实例92　到站发现儿童无票

(《客规》19条、45条1款1项)

2016年7月1日,沈阳站组织新空快速K490次(佳木斯—天津)列车旅客出站时,发现一名持当日当次长春至沈阳硬座车票的成人旅客,携带2名身高不足1 m的儿童。沈阳站如何处理?

一、处理依据

1. 随同成人旅行身高1.2～1.5 m的儿童,应当购买儿童票;超过1.5 m时应买全价票。每一成人旅客可免费携带一名身高不足1.2 m的儿童,超过一名时,超过的人数应买儿童票。

儿童票的座别应与成人车票相同,其到站不得远于成人车票的到站。

免费乘车及持儿童票乘车的儿童单独使用卧铺时,应当补收票价差额。

2.有下列情况时补收票价,核收手续费:

应买票而未买票的儿童按规定补收票价。身高超过1.5 m的儿童使用儿童票乘车时,应补收儿童票价与全价票价的差额。

二、处理方法

1. 种别栏

客快票价、手续费。

2. 查里程

长春 $\overset{303\ km}{——}$ 沈阳。

3. 计算票款

(1)客快票价:半价空调硬座快速票价:23.50元

(2)手续费:2.00元

(3)合计:23.50+2.00＝25.50(元)

4. 记事栏

填记"303千米　K490次下车1成人携带2名身高不足1米的无票儿童"。

客运运价杂费收据填写如图97所示。

沈 阳 铁 路 局

客 运 运 价 杂 费 收 据

乙

2016 年 7 月 1 日　　　　（旅客用）

原票据	种 别	日期		月　　日　　时到达、通知、变更
		号码		月　　日　　时 交　付
		发站		核收保管费　　　　　　　日
		到站		

核 收 区 间	核 收 费 用			款 额
	种 别	件 数	重 量	
自 长春 站	客快票价			23.50
至 沈阳 站	手续费			2.00
经 由( )				
座别 硬 人数 壹	合 计			25.50

记事	303千米　K490次下车1人携带2名身高不足1米的无票儿童

沈阳 站经办人 印

Z000092

图 97　客运运价杂费收据填写样例

实例 93　到站发现儿童超高

（《客规》19 条、45 条 1 款，《细则》16 条）

2016 年 7 月 1 日，白城站组织新空普快 2083 次（大连—海拉尔）列车旅客出站时，发现一名持当日当次鞍山至白城硬座儿童票（票号 D065383，票价 37.50 元）的儿童，经复查身高为 1.6 m。白城站如何处理？

一、处理依据

1. 随同成人旅行身高 1.2～1.5 m 的儿童，应当购买儿童票；超过 1.5 m 时应买全价票。每一成人旅客可免费携带一名身高不足 1.2 m 的儿童，超过一名时，超过的人数应买儿童票。

儿童票的座别应与成人车票相同，其到站不得远于成人车票的到站。

免费乘车及持儿童票乘车的儿童单独使用卧铺时，应当补收票价差额。

2. 有下列情况时补收票价，核收手续费：

应买票而未买票的儿童按规定补收票价。身高超过 1.5 m 的儿童使用儿童票乘车时，应补收儿童票价与全价票价的差额。

3. 通学的小学生不论身高多少，均按学生票办理。成人无论身高多少均应购买全价票。

二、处理方法

1. 种别栏

票价差、手续费。

2. 查里程

鞍山$\overset{630\ km}{————}$白城。

3. 计算票款

(1) 客快票价差：

空调硬座普快票价：75.00 元

半价空调硬座普快票价：37.50 元

全半价票价差：75.00－37.50＝37.50（元）

(2) 手续费：2.00 元

(3) 合计：37.50＋2.00＝39.50（元）

4. 记事栏

填记"630 千米　2083 次下车儿童超高"。

客运运价杂费收据填写如图 98 所示。

沈 阳 铁 路 局

客 运 运 价 杂 费 收 据

乙

2016 年 7 月 1 日　　　　　　（旅客用）

原票据	种　别	日期			
		号码	月　　日　　时到达、通知、变更		
		发站	月　　日　　时交　　付		
		到站	核收保管费　　　　　　　日		

核　收　区　间	核　收　费　用			款　　额
	种别	件　数	重　量	
自_____鞍山_____站	票价差			37.50
至_____白城_____站	手续费			2.00
经　由（　　　　）				
座别　硬　人数　壹	合　　　　计			39.50

记事	630千米　2083次下车儿童超高

白城_____站经办人_____印

（印章：沈局 ××× 白城站）

Z000093

图98　客运运价杂费收据填写样例

206

实例 94　减价不符

（《客规》44 条 5 款）

2016 年 7 月 1 日,盘锦站组织新空快速 K890 次(佳木斯—盘锦)列车旅客出站时,发现一名旅客持当日当次沈阳北至盘锦半价硬座学生票,无减价凭证。盘锦站如何处理?

一、处理依据

有下列行为时,除按规定补票,核收手续费以外,铁路运输企业有权对其身份进行登记,并须加收已乘区间应补票价 50％的票款:

旅客持儿童票、学生票、残疾军人票没有规定的减价凭证或不符合减价条件时,按照全价票价补收票价差额。

二、处理方法

1. 种别栏

票价差、加收票款、手续费。

2. 查里程

沈阳北$\overset{205 \text{ km}}{———}$盘锦。

3. 计算票款

(1)客快票价差:

空调硬座快速票价:32.5 元

半价空调硬座普快票价:16.5 元

票价差:32.5－16.5＝16.00(元)

(2)加收票款:16.00×50％＝8.00(元)

(3)手续费:2.00 元

(4)合计:16.00＋8.00＋2.00＝26.00(元)

4. 记事栏

填记"205 千米　K890 次下车学生无减价凭证"。

客运运价杂费收据填写如图 99 所示。

沈 阳 铁 路 局
客 运 运 价 杂 费 收 据

2016　年　7　月　1　日　　　（旅客用）

原票据	种 别	日期		月　　　日　　时到达、通知、变更	
		号码		月　　　日　时　交　　付	
		发站		核收保管费　　　　　　　　　日	
		到站			

核 收 区 间		核 收 费 用			款 额
		种 别	件 数	重 量	
自　　沈阳北　　站		票价差			16.00
至　　盘　锦　　站		加收票价			8.00
经　由（　　　）		手续费			2.00
座别　硬　人数　壹		合　　　　　计			26.00

| 记事 | 205千米　K890次下车学生无减价凭证 |

盘锦　　　站经办人　　　　　印

沈局
×××
盘锦站

Z000094

图 99　客运运价杂费收据填写样例

实例 95　误售、误购中途下车

（《细则》37 条）

2016 年 7 月 1 日，新空普快 1801 次（昌平北—齐齐哈尔）列车于巨宝站开车后，验票发现一名旅客因口音不清误购（售）通辽至乾安空调硬座普快票（票号 B004387，票价 32.50 元），其正当到站是津山线上的迁安站。列车长处理后（票号 D000035，票价 91.00 元），编制客运记录交前方停车站工农湖站。该旅客 19：28 从工农湖站乘当日新空普快 1802 次（齐齐哈尔—昌平北）列车免费返回通辽站时，在中途太平川站下车。太平川站如何处理？

一、处理依据

旅客因误售、误购、误乘或坐过了站需送回时，列车长应编制客运记录交前方停车站。车站应在车票背面注明"误乘"并加盖站名戳，指定最近列车免费返回。在免费送回区间，站车均应告之旅客不得自行中途下车。如中途下车，对往返乘车的免费区间，按返程所乘列车等级分别核收往返区间的票价，核收一次手续费。

二、处理方法

1. 种别栏

客快票价、手续费。

2. 查里程

（1）往程：通辽 $\xrightarrow{187\ km}$ 工农湖。

（2）返程：工农湖 $\xrightarrow{66\ km}$ 太平川。

3. 计算票款

（1）客快票价：

往程：空调硬座普快票价：25.50 元

返程：空调硬座普快票价：10.50 元

小计：25.50＋10.50＝36.00（元）

（2）手续费：2.00 元

（3）合计：36.00＋2.00＝38.00（元）

4. 记事栏

填记"187 千米/66 千米　1802 次误购免费返回通辽站　中途下车"。

客运运价杂费收据填写如图 100 所示。

沈 阳 铁 路 局
客运运价杂费收据

乙

2016 年 7 月 1 日

（旅客用）

原票据	种别	日期			月	日	时到达、通知、变更
		号码			月	日	时 交 付
		发站					
		到站		核收保管费			日

核 收 区 间	核 收 费 用			款 额
	种 别	件 数	重 量	
自 ___通辽、工农湖___ 站	客快票价			36.00
至 ___工农湖、太平川___ 站	手续费			2.00
经 由（ ）				
座别 ___硬___ 人数 ___壹___	合 计			38.00

| 记事 | 187千米/66千米 1802次误购免费返回通辽站 中途下车 |

___太平川___ 站经办人 ___（沈局 ××× 太平川站）___ 印

Z000095

图100 客运运价杂费收据填写样例

实例 96　旅客遗失品转送

（《客规》56 条、《细则》56 条 3 款）

2016 年 7 月 1 日，1457 次（呼和浩特—通辽）列车移交通辽站旅客遗失行李包一件，记录记载为在赤峰下车的一名旅客遗失在 5 车 8 号上铺的物品，内有衣服、书籍、计算器等共 14 kg，通辽站填写 5 号客运记录和行李、包裹交接证，交列车行李员签收，转送赤峰站。赤峰站如何处理？

一、处理依据

1. 客流量较大的车站应设失物招领处。失物招领处对旅客遗失物品应妥善保管，正确交付。遗失物品需通过铁路向失主所在站转送时，物品在 5 kg 以内的免费转送；超过 5 kg 时，到站按品类补收运费；但对《客规》第 52 条中所列物品及食品不办理转送。

2. 遗失物品需要通过铁路向失主所在站转送时，内附清单，物品加封，填写客运记录和行李、包裹交接证，交列车行李员签收。

二、处理方法

衣服、书籍、计算器等属 3 类包裹。

1. 种别栏

运费。

2. 查里程

通辽$\xrightarrow{350\ km}$赤峰。

3. 计算运输费用

补收 14 kg 3 类包裹运费：0.502×14≈7.00(元)

4. 记事栏

填记"350 千米　依通辽站 5 号旅客遗失品转送记录补收"。

客运运价杂费收据填写如图 101 所示。

沈 阳 铁 路 局

乙

客运运价杂费收据

2016 年 7 月 1 日

（旅客用）

原票据	种别	日期		月 日 时到达、通知、变更		
		号码		月 日 时 交 付		
		发站		核收保管费 日		
		到站				

核 收 区 间	核 收 费 用			款 额
	种 别	件 数	重 量	
自 通辽 站	运费		14	7.00
至 赤峰 站				
经 由（ ）				
座别 人数	合 计			7.00

| 记事 | 350千米 依通辽站5号旅客遗失品转送记录补收 |

赤峰 站经办人 印

（沈局 ××× 赤峰站）

Z000096

图 101 客运运价杂费收据填写样例

实例 97　拾到现金

（《细则》56 条 2 款）

2016 年 7 月 1 日，营口站某客运员在 4229 次列车开车后清扫候车室时，拾到面值为 50 元的人民币一张。营口站如何处理？

一、处理依据

拾到现金应开具客运运价杂费收据上交，并在登记簿上注明客杂收据号码，当失主来领取时，开具退款证明书办理退款。

二、处理方法

1. 种别栏

拾得款。

2. 记事栏

填记"客运员×××在 4229 次列车开车后于候车室拾到"。

客运运价杂费收据填写如图 102 所示。

沈 阳 铁 路 局

乙

客 运 运 价 杂 费 收 据

2016 年 7 月 1 日 （旅客用）

原票据	种 别	日期		月　日　时 到达、通知、变更
		号码		月　日　时 交　付
		发站		核收保管费 日
		到站		

核 收 区 间	核 收 费 用			款 额
	种别	件数	重量	
自 .... 站	拾得款			50.00
至 .... 站				
经 由（　　　）				
座别 ...... 人数	合　　计			50.00

记事	客运员×××在4229次列车开车后于候车室拾到

营口 .... 站经办人 .... （沈局 ××× 营口站） 印

Z000097

图 102　客运运价杂费收据填写样例

实例 98　到达行包保管费

（《客规》64 条、65 条、83 条、84 条，《细则》79 条，《价规》附表 3）

2016 年 7 月 1 日，K1533 次列车开通站到达天津发包裹（2016 年 6 月 30 日承运，票号 A005631）一批 2 件 120 kg（每件 60 kg），当日通知，7 月 5 日 10：00 领取交付。开通站如何处理？

一、处理依据

1. 行李每件的最大重量为 50 kg。体积以适于装入行李车为限，但最小不得小于 0.01 m³。

2. 包裹每件体积、重量与行李相同。

3. 行李从运到日起、包裹从发出通知日起，承运人免费保管 3 d，逾期到达的行李、包裹免费保管 10 d。因事故或不可抗力等原因而延长车票有效期的行李按车票延长日数增加免费保管日数。超过免费保管期限时，按日核收保管费。

4. 包裹到达后，承运人应及时通知收货人领取。通知时间最晚不得超过包裹到达次日的 12 点。

5. 因事故或不可抗力等原因而延长车票有效期的行李，应按客票延期的日数延长行李免费保管的日数。超过免费保管日数，按规定核收保管费，出具保管费收据或填发客运运价杂费收据。遇特殊情况，车站站长有权减收保管费。

6. 客运杂费收费项目及收费标准，如下：

行李、包裹规定计价重量

	收费项目	计费条件	收费标准	备　　注
9	行李、包裹保管费	超过免费保管期限，每日核收	3 元/件	超过每件规定重量的，按其超重倍数增收

二、处理方法

7 月 1 日通知，7 月 5 日交付，超过免费保管期限 2 日。

每件 60 kg 超过规定重量 50 kg，60÷50＝1.2，按 2 倍增收。

1. 种别栏

保管费。

2. 保管费

3.00×2×2×2＝24.00（元）

3. 记事栏

填记"每件 60 千克，超重加倍"。

客运运价杂费收据填写如图 103 所示。

沈 阳 铁 路 局
客运运价杂费收据

乙

2016 年 7 月 5 日　　　　（旅客用）

原票据	种别	日期	20160630	7 月 1 日 15 时到达、通知、变更
	包裹票	号码	A005631	7 月 5 日 10 时 交　　付
		发站	天津	核收保管费　　　2　　　日
		到站	开通	

核 收 区 间	核 收 费 用			款 额
	种 别	件 数	重 量	
自..............站	保管费	2	120	24.00
至..............站				
经 由(　　　)				
座别......人数......	合　　　计			24.00

记事	每件60千克，超重加倍

..........开通..........站经办人..........

沈局
×××
开通站

印

Z000098

图 103　客运运价杂费收据填写样例

实例 99　行包在发站装车前取消托运

（《客规》72、91、92 条，《细则》87 条 1 款、《收规》19 条 1 款）

2016 年 7 月 1 日，某托运人在本溪站托运一批配件 3 件 76 kg 到金州站[票号 B008632，运费 41.30 元、装卸费（装车）6.00 元、保价费 10.00 元、货签费 1.50 元，费用合计：58.80 元]，声明价格 1000 元。办完托运手续后当日下午（结账后）在装车前取消托运。本溪站如何处理？

一、处理依据

1. 保价的行李、包裹发生运输变更时，保价费不补不退。因承运人责任造成的取消托运时，保价费全部退还。

2. 托运人在办理托运手续后，可按如下规定办理一次行李、包裹变更手续（鲜活包裹不办理变更），核收变更手续费：

（1）在发站装车前取消托运时，退还全部运费；

（2）装运后要求运回发站或变更到站的（行李只办理运回发站或中止旅行站），补收或退还已收运费与实际运送区间里程通算的运费差额；

（3）旅客在发站停止旅行，要求仍将行李运至到站时，按包裹收费，应补收发站至到站的包裹与行李运费的差额。

3. 办理变更运输后产生的杂费按实际产生的核收。如已收运费低于已产生的杂费时，则不补收杂费也不退还运费。但因误售误购客票产生的行李变更时，不收变更手续费。

4. 取消托运的行李、包裹，已收运费低于变更手续和保管费时，运费不退也不再补收，收回原行李、包裹票，在报单页、旅客页和报销页注明"取消托运、运费不退"字样。旅客页贴在存根页上。

5. 车站办理行李、包裹或货物取消托运时，应将原票据收回注销，注明"取消托运"字样。当日办理时比照作废票据处理。次日以后办理时，另以"车站退款证明书"办理退款，收回的票据（收款凭证联、运输凭证联、领货凭证）随"车站退款证明书"上报。因取消托运发生的各项杂费，另填客、货运杂费收据核收，并将收据号码、收费项目及金额填记在原票据记事栏内。

二、处理方法

1. 种别栏

保管费、变更手续费、保价费、货签费。

2. 计算运输费用

（1）填车站退款证明书退还票面记载的所有项目款额，另以客杂转收保价费及实际发生的费用。

（2）应补杂费：

①保管费：3×3×1＝9.00（元）

②变更手续费：5.00 元

③保价费：10.00 元

④货签费：1.50 元

⑤合计:5.00＋9.00＋10.00＋1.50＝25.50(元)

3. 记事栏

填记"装车前取消托运　保管1日　声明价格1 000元"。

客运运价杂费收据填写如图104所示。

原票据	种　别	日期	20160701	月　日　　时到达、通知、变更			
	包裹票	号码	B008632	月　　日　　时　交　　付			
		发站	本溪	核收保管费　　　　　1　　　　　日			
		到站	金州				

核　收　区　间	核　收　费　用			款　额
	种　别	件数	重量	
自＿＿＿＿＿＿＿站	保管费	3	76	9.00
至＿＿＿＿＿＿＿站	变更手续费			5.00
经　由(　　　)	保价费			10.00
座别＿＿＿人数＿＿	货签费			1.50
	合　　　计			25.50

记事：装车前取消托运　保管1日　声明价格1000元

本溪　站经办人　　　　　　　　　印

Z000099

图104　客运运价杂费收据填写样例

实例 100　行李、包裹变更到站

（《客规》91 条、92 条，《细则》87 条 2 款、88 条）

2016 年 6 月 29 日，某人由镇赉站托运到大安北站机械零件一件 40 kg（票号 B022732，运费 9.10 元），包裹装出后 6 月 30 日到白城中转时处理变更至太平川并当日装出，7 月 1 日到达交付新收货人。太平川站如何处理？

一、处理依据

1. 托运人在办理托运手续后，可按如下规定办理一次行李、包裹变更手续（鲜活包裹不办理变更），核收变更手续费：

（1）在发站装车前取消托运时，退还全部运费；

（2）装运后要求运回发站或变更到站的（行李只办理运回发站或中止旅行站），补收或退还已收运费与实际运送区间里程通算的运费差额；

（3）旅客在发站停止旅行，要求仍将行李运至到站时，按包裹收费，应补收发站至到站的包裹与行李运费的差额。

2. 办理变更运输后产生的杂费按实际产生的核收。如已收运费低于已产生的杂费时，则不补收杂费也不退还运费。但因误售误购客票产生的行李变更时，不收变更手续费。

3. 行李、包裹装运后，收货人要求变更运输时，只能在发站、行李和包裹所在中转站、装运列车和中止旅行站提出。

托运人在发站取消托运时，发站对要求运回发站的行李、包裹，应收回行李、包裹票，编制客运记录，写明原票内容，交托运人作为领取行李、包裹的凭证，并发电报通知有关站、车。

托运人在发站要求变更行李、包裹的到站时，车站在行李票、包裹票旅客页和收款凭证页上注明"变更到××站"，更正到站站名及收货人单位、姓名，加盖站名戳，注明日期，交给托运人，作为在新到站领取行李、包裹和办理变更运输后产生运费差额的凭证，同时发电报通知有关车站和列车。

4. 发站或新到站收到行李、包裹后，补收或退还已收运费与应收运费差额，核收变更手续费和保管费（保管费指行李、包裹运至发站、新到站超过 3 d，折返站 1 d 或原到站自行李、包裹到达日起至收到电报日止产生的保管费。保管日数分别计算）。补收时以"客杂"核收，退还时使用"退款证明书"退款，原票贴在"客杂"或"退款证明书"报告页上报。

二、处理方法

白城（处理站）应在包裹票乙页上注明"6 月 30 日到达并处理变更、保管 1 日"字样。

1. 种别栏

保管费、变更手续费、运费差。

2. 查里程

镇赉 $\xrightarrow{187\text{ km}}$ 太平川。

3. 计算运输费用

（1）保管费：3.00 元（处理站 1 d）

（2）变更手续费：10.00 元

（3）应收镇赉至太平川运费：0.288×40＝11.50（元）

运费差：11.50－9.10＝2.40(元)

(4)合计 3.00＋10.00＋2.40＝15.40(元)

4. 记事栏

填记"白城站 6 月 30 日变更　　保管 1 日"。

客运运价杂费收据填写如图 105 所示。

沈 阳 铁 路 局

客 运 运 价 杂 费 收 据

乙

2016　年　7　月　1　日　　　　　　(旅客用)

原票据	种　别	日期	20160629	月　　　　日　　　时到达、通知、变更		
		号码	B022732	月　　　日　　　时交　　付		
	包裹票	发站	镇赉	核收保管费　　　　　1　　　　　日		
		到站	大安北			

核 收 区 间		核 收 费 用			款　　额
		种　别	件　数	重　量	
自_____站		保管费	1	40	3.00
至_____站		变更手续费			10.00
经　由(_____)		运费差			2.40
座别____　人数____		合　　　计			15.40

记事	白城站6月30日变更　保管1日

太平川_____站经办人_____印

Z000100

图 105　客运运价杂费收据填写样例

实例 101　一般品名不符

（《客规》93 条）

2016 年 7 月 1 日，白城站交付辽阳站（2016 年 6 月 30 日承运包裹，票号 A006561）发 1 件包裹（品名配件）50 千克，复查时发现为泡沫塑料制品。白城站如何处理？

一、处理依据

发现品名不符时，在发站，应补收已收运费与正当运费的差额；在到站，加收应收运费与已收运费差额两倍的运费。

二、处理方法

1. 种别栏

加收运费。

2. 查里程

辽阳$\xrightarrow{605\text{ km}}$白城。

3. 计算运输费用

（1）已收 3 类包裹运费：$0.859 \times 50 \approx 43.00$（元）

（2）应收 4 类包裹运费：$1.117 \times 50 \approx 55.90$（元）

（3）运费差：$55.90 - 43.00 = 12.90$（元）

（4）加收差额两倍运费：$12.90 \times 2 = 25.80$（元）

4. 记事栏

填记"605 千米　原票记载配件　到检为泡沫塑料制品"。

客运运价杂费收据填写如图 106 所示。

沈 阳 铁 路 局
乙

客运运价杂费收据

2016 年 7 月 1 日　　　（旅客用）

原票据	种　别	日期	20160630	月　　日　　时到达、通知、变更		
		号码	A006561	月　　日　　时交　　付		
	包裹票	发站	辽阳	核收保管费　　　　　　　　　日		
		到站	白城			

核　收　区　间	核　收　费　用			款　额
	种　别	件　数	重　量	
自＿＿＿＿辽阳＿＿＿＿站	加收运费	1	50	25.80
至＿＿＿＿白城＿＿＿＿站				
经　由（　　　　　　）				
座别＿＿＿＿人数＿＿＿	合　　　　计			25.80

记事	605千米　原票记载配件　到检为泡沫塑料制品

＿＿＿白城＿＿＿站经办人＿＿＿＿＿印

（沈局　×××　白城站）

Z000101

图 106　客运运价杂费收据填写样例

实例 102　国家禁、限运物品或危险品伪报品名

（《客规》93 条、《细则》89、92 条）

2016 年 7 月 1 日，丹东站交付本溪站发的面粉 2 件 80 kg（2016 年 6 月 30 日承运包裹，票号 B007581）。到站复查发现其中一件为硝酸铵 40 kg。丹东站如何处理？

一、处理依据

1. 如将国家禁止、限制运输的物品和危险品伪报其他品名托运时，在发站取消托运，在中途站停止运送（在列车上发现危险品交前方停车站），均通知有关部门和托运人处理，已收运费不退，按四类包裹另行补收运输区段的运费及保管费。

2. 发现品名不符应区别性质，实事求是，正确处理。装车前应重新制票，装车后由到站处理。如将国家禁止、限制运输的物品或危险品伪报其他品名托运或在货件中夹带时，按下列规定处理：

（1）在发站停止装运，通知托运人领取，运费不退，将原票收回，在记事栏内注明"伪报品名，停止装运，运费不退"。将收款凭证页交托运人。

（2）在中途站停止运送，发电报通知发站转告托运人领取，运费不退，并对品名不符货件按实际运送区间补收四类包裹运费。

（3）在到站，补收全程四类包裹运费。

（4）在列车上发现时，应编制客运记录，交前方停车站处理。

二、处理方法

1. 种别栏

加收运费。

2. 查里程

本溪$\overset{193\ km}{\underline{\quad\quad}}$丹东。

3. 计算运输费用：

一件 40 kg 4 类包裹运费：

0.375×40＝15.00（元）

4. 记事栏

填记"193 千米　原票记载面粉　到检发现其中一件为硝酸铵 40 千克"。

客运运价杂费收据填写如图 107 所示。

沈 阳 铁 路 局
客运运价杂费收据

乙

2016 年 7 月 1 日 　　　（旅客用）

原票据	种别	日期	20160630	月　　　日　　　时到达、通知、变更		
		号码	B007581	月　　　日　　　时　交　　　付		
	包裹票	发站	本溪			
		到站	丹东	核收保管费　　　　　　　　　日		

核　收　区　间	核 收 费 用			款　额
	种　别	件　数	重　量	
自＿＿＿本溪＿＿＿站	加收运费	1	40	15.00
至＿＿＿丹东＿＿＿站				
经　由（　　　　　）				
座别＿＿＿人数＿＿＿	合　　　　计			15.00

| 记事 | 193千米　原票记载面粉　到检发现其中一件为硝酸铵40千克 |

＿＿＿丹东＿＿＿站经办人＿＿＿〔沈局 ××× 丹东站〕＿＿＿印

Z000102

图 107　客运运价杂费收据填写样例

实例 103 到站发现行包重量不符

(《客规》93 条、《细则》90 条)

2016 年 7 月 1 日,通辽站发到太平川站(票号 B034572)西药一批 10 件 200 kg,到站于 7 月 1 日交付时复查重量为 233 kg。太平川站如何处理?

一、处理依据

1 到站发现重量不符应退还时,退还多收部分的运费。应补收时,只补收超重部分正当运费。

2. 到站发现行李、包裹重量不符,应退还时,开具退款证明书将多收款退还收货人;应补收时,开具"客杂"补收正当运费,同时开具客运记录附收回的行李、包裹票报铁路局收入部门,由铁路局收入部门列应收账款向检斤错误的车站再核收与应补运费等额的罚款。

二、处理方法

应补超重部分 33 kg 三类包裹运费。

1. 种别栏

运费。

2. 查里程

通辽 $\xrightarrow{121\ km}$ 太平川。

3. 计算运输费用

补收超重部分 33 kg 三类包裹运费:

$0.197×33≈6.50$(元)

4. 记事栏

填记"121 千米 重量不符超重 33 千克"。

客运运价杂费收据填写如图 108 所示。

沈阳铁路局　　乙

客运运价杂费收据

2016 年 7 月 1 日　　（旅客用）

原票据	种　别	日期	20160701	月　日　时到达、通知、变更
	包裹票	号码	B034572	月　日　时　交　付
		发站	通辽	核收保管费　日
		到站	太平川	

核　收　区　间	核　收　费　用			款　额
	种　别	件　数	重　量	
自 通辽 站 至 太平川 站 经　由（　　） 座别　人数	运费	10	33	6.50
	合　计			6.50

记事	121千米　重量不符超重33千克

太平川 站经办人 （沈局 ××× 太平川站） 印

Z000103

图 108　客运运价杂费收据填写样例

实例 104 无票运输物品

（《客规》94 条、《细则》91 条）

2016 年 7 月 1 日，白城站接收 2083 次列车移交自开通站无票运输到达的无票行李 1 件，重量 30 kg。白城站如何处理？

一、处理依据

1. 发现无票运输的物品，按实际运送区间加倍补收四类包裹运费。

2. 发现无票运输行李、包裹，发站和列车应拒绝装运；列车已装运发现的，应编制客运记录，交到站处理。到站对列车移交和本站发现的无票运输行李、包裹，应加倍补收四类包裹运费。

二、处理方法

1. 种别栏

加收运费。

2. 查里程

开通$\overset{100\ km}{\rule{2cm}{0.4pt}}$白城。

3. 计算运输费用

加倍补收 30 kg 4 类包裹运费：

$0.197 \times 30 \times 2 \approx 11.80$（元）

4. 记事栏

填记"100 千米 2083 次记录移交无票运输行李 1 件"。

客运运价杂费收据填写如图 109 所示。

沈 阳 铁 路 局
客 运 运 价 杂 费 收 据

乙

2016 年 7 月 1 日　　　　　　（旅客用）

原票据	种　别	日期			月　　　日　　　时到达、通知、变更		
		号码			月　　日　　时　交　　付		
		发站					
		到站			核收保管费　　　　　　日		

核　收　区　间	核　收　费　用			款　额
	种　别	件　数	重　量	
自＿＿＿＿开　通＿＿＿＿站	加倍运费	1	30	11.80
至＿＿＿＿白　城＿＿＿＿站				
经　由（　　　　　）				
座别＿＿＿＿　人数＿＿＿＿	合　　　　　计			11.80

记事	100千米　2083次记录移交无票运输行李1件

＿＿＿白　城＿＿＿站经办人＿＿＿＿＿＿＿＿印

沈局
×××
白城站

Z000104

图 109　客运运价杂费收据填写样例

实例 105　包车空驶费

（《客规》100 条,《细则》98 条、100 条,《价规》40 条）

本钢团体旅客 70 人,其中大人 54 人,儿童 16 人(身高 1.2 米~1.4 米),包用硬卧车一辆。根据本钢全程路程单,沈阳局客调命令 72019,准予本钢团体旅客于 2016 年 7 月 1 日,在本溪乘坐新空普快 2258 次(丹东—北京)列车由丹东空送本溪的硬卧车(YW_{25G} 667429,定员 66 人),并于 7 月 2 日 5:30 到承德站甩下停留,7 月 4 日 5:45 挂 2252 次列车去北京站,同日 12:15 挂 2251 次列车空送至丹东站。本溪如何办理?

一、处理依据

1. 包车人改变或取消用车计划时,应向承运人缴付延期使用费或停止使用费;因包用车辆自其他站向用车站调运车辆产生空驶时,还应缴付空驶费。承运人违约时应双倍返还定金。

包车人在中途站、折返站要求停留时,应缴付停留费。请求延长使用时,有中途变更站报请上一级主管部门批准后核收运输费用。缩短使用时,已收费用不退。

2. 空驶费是指在包用人指定日期内乘车站没有所需车辆,需从外站向乘车站调送车辆以及使用完毕后将车辆回送至原车辆所在站或单程使用后由到站回送车辆所在站所产生的费用。空驶费按最短径路并全程通算。

3. 包车单位在未交付运费前取消用车计划时,定金不退。交付运费后取消用车计划时,应核收因调用车辆产生的空驶区间空驶费和停止使用费。应核收的空驶费和停止使用费均填写"客杂"。

4. 包用的车辆,自车辆所在站向乘车(装运)站空送时起至回送至车辆原所在站止,产生空驶时,对空驶区段(里程按最短径路并采取通算),不分车种,每车每千米核收 3.458 元的空驶费,但棚车不核收空驶费。

二、处理方法

包车票价、停留费的计算、填写实例见实例 45。

1. 种别栏

空驶费。

2. 查里程

丹东 $\overset{193\ km}{\rule{2em}{0.4pt}}$ 本溪 + 北京 $\overset{977\ km}{\rule{2em}{0.4pt}}$ 丹东(最短径路,即北京 $\overset{167\ km}{\rule{2em}{0.4pt}}$ 狼窝铺 $\overset{143\ km}{\rule{2em}{0.4pt}}$ 山海关 $\overset{234\ km}{\rule{2em}{0.4pt}}$ 盘锦北 $\overset{106\ km}{\rule{2em}{0.4pt}}$ 海城 $\overset{61\ km}{\rule{2em}{0.4pt}}$ 辽阳 $\overset{73\ km}{\rule{2em}{0.4pt}}$ 本溪 $\overset{193\ km}{\rule{2em}{0.4pt}}$ 丹东),合计 1 170 km。

3. 计算运输费用

空驶费:3.458×1 170×1=4 045.90(元)

4. 记事栏

填记"本钢包用硬卧车 YW_{25G} 667429 一辆,空驶区间:丹东至本溪 193 千米、北京至丹东 977 千米"。

客运运价杂费收据填写如图 110 所示。

沈 阳 铁 路 局
客运运价杂费收据

乙

2016 年 7 月 1 日　　　　（旅客用）

原票据	种　别	日期			月　　　日　　　时到达、通知、变更
		号码			月　　　日　　　时交　　　付
		发站			核收保管费　　　　　　　　　日
		到站			

核　　收　　区　　间	核　　收　　费　　用			款　　额
	种　别	件　数	重　量	
自＿＿＿＿＿＿＿＿站	空驶费			4045.90
至＿＿＿＿＿＿＿＿站				
经　由（　　　　　）				
座别＿＿＿人数＿＿＿	合　　　　　计			4045.90

| 记事 | 本钢包用硬卧车YW$_{25G}$ 667429一辆，空驶区间；丹东至本溪193千米、北京至丹东977千米 |

本溪＿＿＿＿＿＿＿站经办人＿＿＿＿＿＿＿印

（印章：沈局 ××× 本溪站）

Z000105

图 110　客运运价杂费收据填写样例

实例 106 站 台 票

（《客规》22 条）

2016 年 7 月 1 日，凤凰城站 2257 次（北京—丹东）列车出站收票时，发现一名进站接送亲友的人未购买站台票。凤凰城站如何处理？

一、处理依据

到站台上迎送旅客的人员应买站台票。站台票当日使用一次有效。对经常进站接送旅客的单位，车站可根据需要发售定期站台票。随同成人进站身高不足 1.2 m 的儿童及特殊情况经车站同意进站人员可不买站台票。未经车站同意无站台票进站时，加倍补收站台票款。遇特殊情况，站长可决定暂停发售站台票。

二、处理方法

1. 种别栏

站台票、加收站台票款。

2. 计算运输费用

（1）站台票：1.00 元。

（2）加收站台票款：1.00 元。

（3）合计：2.00 元。

3. 记事栏

填记"2257 次"。

客运运价杂费收据填写如图 111 所示。

沈 阳 铁 路 局
客 运 运 价 杂 费 收 据

乙

2016 年 7 月 1 日　　　　　　　（旅客用）

原票据	种 别	日期		月　　日　　时到达、通知、变更		
		号码		月　　日　　时交　　付		
		发站		核收保管费　　　　　　　　日		
		到站				

核 收 区 间	核 收 费 用			款 额
	种 别	件 数	重 量	
自　　　　　　站	站台票			1.00
至　　　　　　站	加收站台票款			1.00
经 由（　　　）				
座别　　　人数	合　　　　计			2.00

记事	2257次

凤凰城　　　　站经办人　　　　　　　印

沈局
×××
凤凰城站

Z000106

图 111　客运运价杂费收据填写样例

实例 107　行李改按包裹运输

（《客规》91 条 3 款、《细则》88 条）

2016 年 7 月 1 日，一名旅客持长春至北京 Z118 次（吉林—北京）硬座车票在长春站托运行李两件 33 kg（行李票号 C068128，行李运费 16.80 元）至北京，因故在发站停止旅行并退票，但要求将已托运的行李运到原到站。长春站如何处理？

一、处理依据

1. 托运人在办理托运手续后，可按如下规定办理一次行李、包裹变更手续（鲜活包裹不办理变更），核收变更手续费：

旅客在发站停止旅行，要求仍将行李运至到站时，按包裹收费，应补收发站至到站的包裹与行李运费的差额，核收变更手续费。

2. 发站或新到站收到行李、包裹后，补收或退还已收运费与应收运费差额，核收变更手续费和保管费（保管费指行李、包裹运至发站、新到站超过 3 d，折返站 1 d 或原到站自行李、包裹到达日起至收到电报日止产生的保管费。保管日数分别计算）。补收时以"客杂"核收，退还时使用"退款证明书"退款，原票贴在"客杂"或"退款证明书"报告页上报。

二、处理方法

1. 种别栏

运费差、变更手续费。

2. 查里程

长春$\overset{1\,003\ km}{\text{————}}$北京。

3. 计算运输费用

（1）三类包裹运费：1.347×33≈44.50（元）

（2）应补收运费差额：44.50－16.80＝27.70（元）

（3）变更手续费：10.00 元

（4）合计：27.70＋10.00＝37.70（元）

4. 记事栏

填记"1 003 千米　客票退票　补收行李包裹运费差额"。

客运运价杂费收据填写如图 112 所示。

沈 阳 铁 路 局
客 运 运 价 杂 费 收 据

乙

2016 年 7 月 1 日　　　　　　（旅客用）

原票据	种别	日期	20160701	月　　日　　时到达、通知、变更		
	行李票	号码	C068128	月　　日　　时 交 付		
		发站	长春			
		到站	北京	核收保管费　　　　　　　日		

核 收 区 间	核 收 费 用			款 额
	种 别	件 数	重 量	
自_____长春_____站	运费差	2	33	27.70
至_____北京_____站	变更手续费			10.00
经 由(　　　　　)				
座别____人数____	合　　　　计			37.70

记事	1003千米　客票退票　补收行李包裹运费差额

长春_____站经办人_____ 〔沈局 ××× 长春站〕 印

Z000107

图 112　客运运价杂费收据填写样例

第三部分　退票报销凭证

一、退票报销凭证用途、规格和印制方法

退票的旅客需要报销时,如只核收退票费,应交给旅客退票费报销凭证(定额式,如图113所示,尺寸为 80 mm×45 mm,分伍角、壹元、贰元、伍元、拾元、贰拾元、伍拾元、壹佰元 8种)。退还旅客部分票价时,应交给旅客退票报销凭证(填写式,如图114所示,尺寸为 80 mm×60 mm)。两种凭证均用白纸黑色印刷,顺序号码由 00001～100000 号循环,每 10万张附记字母 A、B、C……符号(I、O除外)。每 100 张上端用胶订成册。

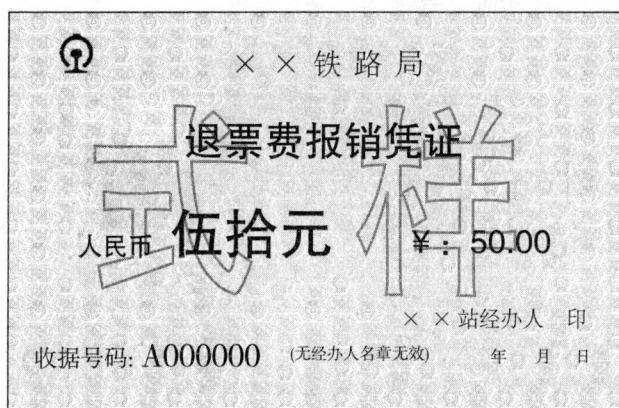

图 113　退票费报销凭证式样

图 114　退票报销凭证式样

二、退票报告

1. 退票报告(财收—2)是车站在按规定手续办理退票后,向铁路局收入部门报告核退旅客票款的报告,是运输进款列账的原始依据。其格式如图 115 所示。

财收–2

中国铁路总公司
_____ 铁路局
车 站 （ ） **退票报告**

售票处: 窗口 结账日期 年 月 日 班次 售票员

序号	退票时间	原客票									人数	总票价	应退票价	退票费	净退款	退票理由	过点退票标志	退款标志	备注
		票符	票号	日期	车次	发站	到站	售票日期	售票车站	售票处	售票窗口								
1																			
2																			
3																			
4																			
5																			
页 计:																			

总计	应退票价	核收退票费	其中			净退款	其中			随缴附件		电子客票		
			现金	储值卡	银行卡		现金	储值卡	银行卡	原客票（张）	客运记录(份)	张数	储值卡	银行卡

图 115 退票报告式样

2. 退票报告按日根据所退车票票面记载逐项填制一式两份,一份车站留存,一份加盖戳记章后按规定日期随所退车票报铁路局收入部门。

3. 退票报告上应分格填写。每页报告均应结出页计,两页以上的应在最末页上结出本班合计。

4. 因病停止旅行退票时,应附有医疗单位证明;特殊情况的退票,必须经站长批准。对免收手续费的退票,应在退票理由栏注明。

5. 所退的车票及有关证明,应按退票报告的填写顺序整理、包装随本报告上报。

6. 每日(夜班＋白班)本表的实退票价、退票费、净退款应与"电子客票整理报告退票(财收—4-3)"上所列该项款额相符。

7. 退款标志为实际退款方式,分为现金、卡进站、银行卡等。

三、填写式退票报销凭证各栏填记的基本要求及填写步骤

填写退票报销凭证,必须大写金额,项目齐全,字迹清楚,加盖规定名章,填写金额不符时,不得涂改,一律按作废票处理。

1. 查里程。

2. 计算应退票款:

(1)已收票价。

(2)应收票价。

(3)应退票价。

3. 核收退票费。

4. 净退款。

四、实例解析

实例108 旅客因病住院退票

（《客规》第48条、《细则》第46条2款）

2017年7月1日,旅客持郑州至北京新空快速K968(张家界—北京)硬座快速卧(下)车票(票号E012789,票价174.00元)和列车开具01号客运记录(因突发疾病旅客在新乡站下车治疗,请按章办理)在新乡站要求退票。新乡站如何处理?

一、处理依据

1. 旅客要求退票时,按下列规定办理,核收退票费:

旅客开始旅行后不能退票。但如因伤、病不能继续旅行时,经站、车证实,可退还已收票价与已乘区间票价差额。已乘区间不足起码里程时,按起码里程计算;同行人同样办理。

2. 旅客要求退票时,按下列规定办理:

在列车上,旅客因病不能继续旅行时,列车长应编制客运记录交中途有医疗条件的车站,同行人同样办理。

二、处理方法

应退票价差额,并填写退票报销凭证。

1. 查里程

郑州$\overset{695\text{ km}}{=\!=\!=}$北京;已乘区间:郑州$\overset{80\text{ km}}{=\!=\!=}$新乡。

2. 计算应退票款

(1)已收票价

空调硬座快速卧(下)票价:174.00元

(2)应收票价(已乘区间票价)

空调快速硬座票价:6.50元

空调快速票价:4.00元(郑州—新乡80 km<100 km,按起码里程票价计算)

空调票价:2.00元

空调硬卧(下)票价:54.00元(郑州—新乡80 km<400 km,按起码里程票价计算)

合计:66.50元

(3)应退票价

174.00－66.50＝107.50(元)

3. 核收退票费

107.50×20％＝21.50(元)

4. 净退款

107.50－21.50＝86.00(元)

将净退款和退票报销凭证交旅客。所退车票和客运记录(或有关证明)随退票报告上报。

退票报销凭证填写如图116所示。

退票报告填写如图117所示。

郑 州 铁 路 局
退 票 报 销 凭 证

T000108

新乡 站 2017 年 7 月 1 日

原 票	郑州	站至	北京	站
已乘区间	郑州	站至	新乡	站
已乘区间 票 价	陆拾陆 元 伍 角
退 票 费	贰拾壹元伍角	元
共 计	捌拾捌 元 零 角

（无经办人名章无效） 经办人 ×××印

图 116 退票报销凭证填写样例

中国铁路总公司 财收-2

郑州 铁路局

新乡 车 站 （ 直通 ） 退票报告

售票处： 2 窗口 结账日期 2017年7月1日 班次 白班 售票员 ×××

序号	退票时间	票符	票号	日期	车次	发站	到站	售票日期	售票车站	售票处	售票窗口	人数	总票价	应退票价	退票费	净退款	退票理由	过点退票标志	退款标志	备注
										原客票									
1	10:37	E	012789	0701	K968	郑州	北京	20170626	郑州	郑州站	22	1	174.00	107.50	21.50	86.00	正常退差	过2	现金	因病
2																				
3																				
4																				
5																				
	页 计：										1	174.00	107.50	21.50	86.00				

总计	应退票价	核收退票费	其中			净退款	其中			随缴附件		电子客票		
			现金	储值卡	银行卡		现金	储值	银行卡	原客票（张）	客运记录（份）	张数	储值卡	银行卡
	107.50	21.50	21.50	—	—	86.00	86.00	—	—	1	1	—	—	—

图 117 退票报告填写样例

实例 109 线路中断,旅客返回发站中止旅行退票

(《客规》105 条)

2017 年 6 月 30 日,新空快速 K385 次(沈阳北—成都)列车运行至西安南站,因前方区段水害,列车不能继续运行,一名旅客于 7 月 1 日持 6 月 30 日天津至安康 1 张空调硬座车票(票号 A065354,票价 177.50 元)和 1 张车补天津至郑州空调硬卧(下)票(票号 B035465,票价 89.00 元)及列车长开具的客运记录,返回发站天津站办理退票。线路如图 118 中的线 1 所示。天津站如何办理?

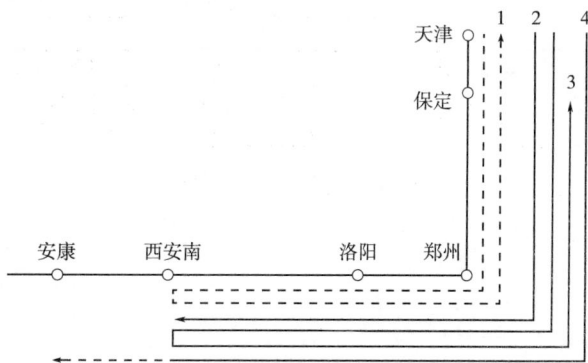

图 118 线路中断退票情况示意图

1—返回发站(或在发站尚未乘车);2—停止运行站;3—返回中途站;

4—乘坐其他交通工具到达原票到站(或其他站)。

一、处理依据

线路中断、列车停运对旅客车票按如下规定处理:

1. 在发站或由中途站返回发站停止旅行时,退还全部票价,其中包括在列车上补购的车票,但罚款、手续费和携带品超重、超大补收的费用不退。已使用至到站的车票不退。

2. 在停止运行站或返回中途站退票时,退还已收票价与发站至停止旅行站的票价差额,不足起码里程按起码里程计算。

二、处理方法

1. 查里程

天津$\overset{727\ km}{———}$郑州$\overset{770\ km}{———}$安康,合计 1 497 km。

2. 计算应退票款

(1)应退票价(净退款):

天津至安康硬座快速票价:177.50 元,全部退还旅客。

(2)天津至郑州空调硬卧(下)票价:89.00 元,因已使用至到站故不退。

将净退款交旅客。所退车票和客运记录(或有关证明)随退票报告上报。

注:线路中断、列车停运等情况退还旅客全部票价时,不给旅客退票(费)报销凭证。

退票报告填写如图 119 所示。

中国铁路总公司 　　　　　　　　　　　　　　　　　　　　　　　　　財收-2

北京 铁路局

天津 车 站　　　　　　（ 直通 ）**退票报告**

售票处:	2 窗口	结账日期 2017年7月1日	班次 **乘班**	售票员 ×××

序号	退票时间	票符	原客票 票号	日期	车次	发站	到站	售票日期	售票车站	售票处	售票窗口	人数	总票价	应退票价	退票费	净退款	退票理由	过点退票标志	退款标志	备注
1	21:37	A	065354	0630	K385	天津	安康	20170626	天津	天津	5	1	177.50	177.50		177.50	原退退差	水害	银行卡	
2																				
3																				
4																				
5																				
页 计:												1	177.50	177.50	–	177.50				

总计	应退票价	核收退票费	其中 现金	储值卡	银行卡	净退款	其中 现金	储值	银行卡	随缴附件 原客票（张）	客运记录（份）	电子客票 张数	储值卡	银行卡
	177.50	–	–	–	–	177.50	–		177.50	1	1		–	–

图 119　退票报告填写样例

实例 110　线路中断,旅客在停止运行站退票

（《客规》105 条）

2017 年 6 月 30 日,新空快速 K385 次列车运行至西安南站,因前方区段水害,列车不能继续运行,一名旅客于 7 月 1 日持 6 月 30 日天津至安康 1 张空调硬座车票（票号 A065354,票价 177.50 元）和 1 张车补天津至郑州空调硬卧（下）票（票号 B035465,票价 89.00 元）及列车长开具的客运记录,在停止运行站西安南站办理退票。线路如图 118 中线 2 所示。天津站如何办理?

一、处理依据

线路中断、列车停运对旅客车票按如下规定处理:

1. 在发站或由中途站返回发站停止旅行时,退还全部票价,其中包括在列车上补购的车票,但罚款、手续费和携带品超重、超大补收的费用不退。已使用至到站的车票不退。

2. 在停止运行站或返回中途站退票时,退还已收票价与发站至停止旅行站的票价差额,不足起码里程按起码里程计算。

二、处理方法

旅客要求在停止运行站（西安南）退票时:

应退还票价＝已收票价－发站至停止运行站的票价（不足起码里程按起码里程）

1. 查里程

天津$\xrightarrow{1\,281\ \text{km}}$西安南（经郑）。

2. 计算应退票款

（1）已收票价

空调硬座快速卧（下）票价:177.50 元

（2）应收票价（已乘区间票价）

空调硬座快速票价:156.50 元

（3）应退票价（净退款）

177.50－156.50＝ 21.00（元）

天津至郑州空调硬卧（下）票价:89.00 元,因已使用至到站故不退。

将净退款和退票报销凭证交旅客。所退车票和客运记录（或有关证明）随退票报告上报。

退票报销凭证填写如图 120 所示。

退票报告填写如图 121 所示。

西 安 铁 路 局
退 票 报 销 凭 证

T000110

西安南 站	2017年 7月 1 日	
原 票	天津 站至	安康 站
已乘区间	天津 站至	西安南 站
已乘区间 票 价	壹佰伍拾陆 元	伍 角
退 票 费	零	元
共 计	壹佰伍拾陆 元	伍 角

（无经办人名章无效） 经办人……

西局
×××
西安南站
印

图 120 退票报销凭证填写样例

中国铁路总公司
西安 铁路局
西安南 车 站

（ 直通 ） 退票报告

财收-2

售票处： 2 窗口 结账日期 2017年7月1日 班次 白班 售票员 ×××

序号	退票时间	票符	原客票							人数	总票价	应退票价	退票费	净退款	退票理由	过点退票标志	退款标志	备注
			票号	日期	车次	发站	到站	售票日期	售票车站	售票处	售票窗口							
1	8:37	A	065354	0630	K385	天津	安康	20170626	天津	天津	5	1	177.50	21.00		21.00	原退退差	过2	银行卡	水害
2																		
3																		
4																		
5																		
	页 计：										1	177.50	21.00	—	21.00			

总计	应退票价	核收退票费	其中			净退款	其中			随缴附件		电子客票		
			现金	储值卡	银行卡		现金	储值卡	银行卡	原客票（张）	客运记录（份）	张数	储值卡	银行卡
	21.00	—	—	—	—	21.00	—	—	21.00	1	1			

图 121 退票报告填写样例

实例 111 线路中断,旅客返回中途站中止旅行退票

(《客规》105 条)

2017 年 6 月 30 日,新空快速 K385 次(沈阳北—成都)列车运行至洛阳站,因前方区段水害,列车不能继续运行,一名旅客于 7 月 1 日持 6 月 30 日天津至安康空调硬座快速卧(下)车票(票号 A000165,票价 325.50 元),及列车长开具的客运记录,返回中途站保定站办理退票。线路如图 118 中线 3 所示。保定站如何办理退票?

一、处理依据

线路中断、列车停运对旅客车票按如下规定处理:

1. 在发站或由中途站返回发站停止旅行时,退还全部票价,其中包括在列车上补购的车票,但罚款、手续费和携带品超重、超大补收的费用不退。已使用至到站的车票不退。

2. 在停止运行站或返回中途站退票时,退还已收票价与发站至停止旅行站的票价差额,不足起码里程按起码里程计算。

二、处理方法

旅客要求返回中途站(保定站)退票时:

应退还票价＝已收票价－发站至停止运行站的票价(不足起码里程按起码里程)

1. 查里程

天津$\xrightarrow{184 \text{ km}}$保定$\xrightarrow{1\,313 \text{ km}}$安康,合计 1 497 km。

2. 计算应退票款

(1)已收票价

天津至安康空调硬座快速卧(下)票价:325.50 元

(2)应收票价(已乘区间票价)

①空调硬座快速票价:28.50 元

②空调硬卧(下)票价:54.00 元(天津—保定 184 km＜400 km ,按起码里程票价计算)

③合计:28.50＋54.00＝82.50(元)

(3)应退票价(净退款)

325.50－82.50＝243.00(元)

将净退款和退票报销凭证交旅客。所退车票和客运记录(或有关证明)随退票报告上报。

退票报销凭证填写如图 122 所示。

退票报告填写如图 123 所示。

北 京 铁 路 局
退 票 报 销 凭 证

T000111

保定 站　　2017 年 7 月 1 日

原 票	天津 站至	安康 站
已乘区间	天津 站至	保定 站
已乘区间票 价	捌拾贰 元	伍 角
退 票 费	零	元
共 计	捌拾贰 元	伍 角

（无经办人名章无效）　　经办人……印

京 局
×××
保定站

图 122　退票报销凭证填写样例

中国铁路总公司
北京 铁路局
保定 车站　　　　　　（ **直通** ）　**退票报告**　　　　　　　　　　　　　财收-2

售票处：　　　2　窗口　　结账日期　2017年7月1日　　　　班次　白班　　　　　售票员 ×××

序号	退票时间	票符	票号	日期	车次	发站	到站	售票日期	售票车站	售票处	售票窗口	人数	总票价	应退票价	退票费	净退款	退票理由	过点退票标志	退款标志	备注
						原客票														
1	18:37	A	000165	0630	K385	天津	安康	20170626	天津	天津	21	1	325.50	243.00		243.00	原退退差	过2	现金	水害
2																				
3																				
4																				
5																				
	页　　计：											1	325.50	243.00	－	243.00				

总计	应退票价	核收退票费	其中			净退款	其中			随缴附件		电子客票		
			现金	储值卡	银行卡		现金	储值卡	银行卡	原客票（张）	客运记录（份）	张数	储值卡	银行卡
	243.00	－	－	－	－	243.00	243.00	－	－	1	1	－	－	－

图 123　退票报告填写样例

实例112　线路中断,旅客中止旅行,乘坐其他交通工具到达原票到站退票

(《客规》105 条)

2017 年 8 月 4 日,旅客持 2017 年 8 月 2 日商都至乌兰浩特 K2011/4 次(呼和浩特—乌兰浩特)空调硬座快速卧(上)票(票号 K050661,票价 238.50 元),列车行至珠斯花站,因前方区段水害,列车不能继续运行,旅客乘汽车到达乌兰浩特,凭车票和列车长开具的客运记录要求退票并出具已乘区间报销凭证。乌兰浩特站如何处理?

一、处理依据

线路中断、列车停运对旅客车票按如下规定处理:

1. 在发站或由中途站返回发站停止旅行时,退还全部票价,其中包括在列车上补购的车票,但罚款、手续费和携带品超重、超大补收的费用不退。已使用至到站的车票不退。

2. 在停止运行站或返回中途站退票时,退还已收票价与发站至停止旅行站的票价差额,不足起码里程按起码里程计算。

二、处理方法

应退还票价＝已收票价－发站至停止运行站的票价(不足起码里程按起码里程)

1. 查里程

商都$\overset{839\ km}{\rule{2cm}{0.4pt}}$珠斯花$\overset{240\ km}{\rule{2cm}{0.4pt}}$乌兰浩特,合计 1 079 km。

2. 计算应退票款

(1)已收票价

商都至乌兰浩特空调硬座快速卧(下)票价:238.50 元

(2)应收票价(已乘区间票价)

商都至珠斯花空调硬座快速卧(下)票价:194.00 元

(3)应退票价(净退款)

238.50－194.00 ＝ 44.50(元)

将净退款和退票报销凭证交旅客。所退车票和客运记录(或有关证明)随退票报告上报。

退票报销凭证填写如图 124 所示。

退票报告填写如图 125 所示。

沈 阳 铁 路 局
退 票 报 销 凭 证

T000112

乌兰浩特 站　　　2017年　7月　1 日

原　票	商都 站至 乌兰浩特 站
已乘区间	商都 站至 珠斯花 站
已乘区间票　价	壹佰玖拾肆 元　零　角
退 票 费	零　　元
共　　计	壹佰玖拾肆 元　零　角

（无经办人名章无效）　　　经办人⋯⋯⋯印

图 124　退票报销凭证填写样例

中国铁路总公司
沈阳 铁路局　　　　　　　　　　　　　　　　　　　财收-2

乌兰浩特车 站　　　　　（直通）**退票报告**

售票处：　　　2 窗口　结账日期 2017年8月4日　　　班次 特班　　　售票员 ×××

序号	退票时间	原客票								人数	总票价	应退票价	退票费	净退款	退票理由	过点退票标志	退款标志	备注
		票符	票号	日期	车次	发站	到站	售票日期	售票车站	售票处	售票窗口										
1	19:11	K	K050661	0802	K2011	商都	乌兰浩特	20170802	呼和浩特	呼和自动取票	3	0	238.50	44.50		44.50	原退退差	过2	银行卡	水害
2																			
3																			
4																			
5																			
	页　计：										0	238.50	44.50	－	44.50				

总计	应退票价	核收退票费	其中			净退款	其中			随缴附件		电子客票		
			现金	储值卡	银行卡		现金	储值卡	银行卡	原客票（张）	客运记录（份）	张数	储值卡	银行卡
	44.50	－	－	－	－	44.50	－	－	44.50	1	1	－	－	－

图 125　退票报告填写样例

实例 113　动车组列车中途退票

(《客规》第 48 条,《细则》第 4 条 2 款、第 24 条 2 款)

2017 年 10 月 23 日,动车 D25 次(北京—齐齐哈尔南)列车运行至沈阳北站,列车开具 06 号客运记录交下一旅客(因突发疾病在沈阳北站下车治疗),该旅客持北京至哈尔滨二等座车票(票号 E024586,票价 313.50 元)要求退票。沈阳北站如何办理?

一、处理依据

1. 旅客要求退票时,按下列规定办理,核收退票费:

旅客开始旅行后不能退票。但如因伤、病不能继续旅行时,经站、车证实,可退还已收票价与已乘区间票价差额。已乘区间不足起码里程时,按起码里程计算;同行人同样办理。

2. 旅客要求退票时,按下列规定办理:

在列车上,旅客因病不能继续旅行时,列车长应编制客运记录交中途有医疗条件的车站,同行人同样办理。

3. 中途站办理动车组列车退票的公式:应退票款＝原票价－(原票价÷原票里程×已乘区间里程)。

二、处理方法

1. 查里程

原票区间:北京$\xrightarrow{1\,248\text{ km}}$哈尔滨

已乘区间:北京$\xrightarrow{703\text{ km}}$沈阳北

2. 计算应退票款

应退票款＝313.50－(313.50÷1248×703)

$\qquad\qquad$≈313.50－176.00＝137.50(元)

3. 核收退票费

137.50×20％＝27.50(元)

4. 净退款

137.50－27.50＝110.00(元)

将净退款和退票报销凭证交旅客。所退车票和客运记录(或有关证明)随退票报告上报。

退票报销凭证填写如图 126 所示。

退票报告填写如图 127 所示。

沈 阳 铁 路 局
退 票 报 销 凭 证

T000113

沈阳北 站　　　2017年 10 月 23 日

原　　票	北京	站至	哈尔滨	站
已乘区间	北京	站至	沈阳北	站
已乘区间票　价	壹佰柒拾陆	元	零	角
退 票 费	贰拾柒元伍角			元
共　　计	贰佰零叁	元	伍	角

（无经办人名章无效）　　　　经办人………印

图 126　退票报销凭证填写样例

中国铁路总公司　　　　　　　　　　　　　　　　　　　　　　　　　　　　　　财收-2
沈阳 铁路局

沈阳北 车 站　　　　　　　（ 直通 ）　退票报告

售票处：　　24　窗口　　　结账日期　2017年10月23日　　　班次　爰班　　　　　售票员 ×××

序号	退票时间	票符	票号	日期	车次	发站	到站	售票日期	售票车站	售票处	售票窗口	人数	总票价	应退票价	退票费	净退款	退票理由	过点退票标志	退款标志	备注
								原客票												
1	17:37	E	024586	1023	D25	北京	哈尔滨	20171021	北京	北京站	22	1	313.50	137.50	27.50	110.00	正常退差		现金	因病
2																				
3																				
4																				
5																				
	页　　计：											1	313.50	137.50	27.50	110.00				

总计	应退票价	核收退票费	其中			净退款	其中			随缴附件		电子客票		
			现金	储值卡	银行卡		现金	储值	银行卡	原客票（张）	客运记录（份）	张数	储值卡	银行卡
	137.50	27.50	27.50	—	—	110.00	110.00	—	—		1			

图 127　退票报告填写样例

实例 114　铁路责任中途退票

(《客规》49 条)

2017 年 10 月 23 日,新空快速 K518 次(长春—上海)列车到达沈阳北站,因铁路责任中断运输。一旅客持长春至上海软卧下铺车票一张(票号 A030885,票价 703.00 元)及列车开具的客运记录,要求办理退票。沈阳北站如何办理?

一、处理依据

因承运人责任致使旅客退票时按下列规定办理,不收退票费:

1. 在发站,退还全部票价。

2. 在中途站,退还已收票价与已乘区间票价差额,已乘区间不足起码里程时,退还全部票价。

3. 在到站,退还已收票价与已使用部分票价差额。未使用部分不足起码里程按起码里程计算。

4. 空调列车因空调设备故障在运行过程中不能修复时,应退还未使用区间的空调票价。

二、处理方法

1. 查里程

原票区间:长春$\overset{2\,314\ km}{\rule{2.5cm}{0.4pt}}$上海

已乘区间:长春$\overset{300\ km}{\rule{2.5cm}{0.4pt}}$沈阳北

2. 计算应退票款

(1)已收票价

空调软座快速卧(下)票价:703.00 元

(2)应收票价(已乘区间票价)

空调软座快速票价:66.50 元

因长春—沈阳北 300 km<400 km,则软卧不足起码里程,退还全部票价。

(3)应退票价(净退款)

703.00 － 66.50 ＝636.50(元)

将净退款和退票报销凭证交旅客。所退车票和客运记录(或有关证明)随退票报告上报。

退票报销凭证填写如图 128 所示。

退票报告填写如图 129 所示。

沈 阳 铁 路 局
退 票 报 销 凭 证

T000114

沈阳北 站　　2017年 10 月 23 日

原　票	长春	站至	上海	站
已乘区间	长春	站至	沈阳北	站

已乘区间票价	陆拾陆	元	伍	角
退票费	零			元
共　计	陆拾陆	元	伍	角

（无经办人名章无效）　　经办人……　　　印

图 128　退票报销凭证填写样例

中国铁路总公司　　　　　　　　　　　　　　　　　　　　　　　　　财收-2

沈阳 铁路局

沈阳北 车　站　　　　　　　（直通）**退票报告**

售票处：　　　　24 窗口　　结账日期　2017年10月23日　　　班次 夜班　　　　售票员 ×××

序号	退票时间	票符	票号	日期	车次	发站	到站	售票日期	售票车站	售票处	售票窗口	人数	总票价	应退票价	退票费	净退款	退票理由	过点退票标志	退款标志	备注
								原客票												
1	18:21	A	030885	1023	K518	长春	上海	20171022	长春	长春站	18	1	703.00	636.50		636.50	铁路责任	过2	现金	
2																				
3																				
4																				
5																				
	页　　计：											1	703.00	636.50	—	636.50				

总计	应退票价	核收退票费	其中			净退款	其中			随缴附件		电子客票		
			现金	储值卡	银行卡		现金	储值	银行卡	原客票（张）	客运记录（份）	张数	储值卡	银行卡
	636.50	—	—	—	—	636.50	636.50	—	—	1	1			

图 129　退票报告填写样例

实例 115　空调故障退票

（《客规》49 条）

2017 年 10 月 23 日，一旅客持新空直达 Z14 次（广州东—沈阳北）列车广州东至沈阳北硬卧（下）车票（票价 549.50 元，票号 B053862）和列车编制客运记录（锦州南至沈阳北空调故障），在沈阳北站要求退还空调票价。沈阳北站如何处理？

一、处理依据

因承运人责任致使旅客退票时按下列规定办理，不收退票费：

1. 在发站，退还全部票价。

2. 在中途站，退还已收票价与已乘区间票价差额，已乘区间不足起码里程时，退还全部票价。

3. 在到站，退还已收票价与已使用部分票价差额。未使用部分不足起码里程按起码里程计算。

4. 空调列车因空调设备故障在运行过程中不能修复时，应退还未使用区间的空调票价。

二、处理方法

1. 查里程

未使用空调区间：锦州南 $\overset{223\text{ km}}{\rule{2em}{0.4pt}}$ 沈阳北。

2. 计算应退票款

（1）已收票价

空调硬座快速卧（下）票价：549.50 元

（2）应退票价（净退款）

应退未使用空调区间（锦州南—沈阳北）空调票价：5.00 元

（3）应收票价

549.50 元 − 5.00 ＝ 544.50（元）

将净退款和退票报销凭证交旅客。所退车票和客运记录（或有关证明）随退票报告上报。

退票报销凭证填写如图 130 所示。

退票报告填写如图 131 所示。

沈 阳 铁 路 局
退 票 报 销 凭 证

T000115

<u>沈阳北</u> 站　　　2017年 10 月 23 日

原 票	广州东 站至 沈阳北 站
已乘区间	广州东 站至 沈阳北 站
已乘区间 票 价	伍佰肆拾肆 元 伍 角
退 票 费	零 元
共 计	伍佰肆拾肆 元 伍 角

（无经办人名章无效）　　经办人……印

图 130　退票报销凭证填写样例

中国铁路总公司　　　　　　　　　　　　　　　　　　　　　　　　　　财收—2

<u>沈阳</u> 铁路局

<u>沈阳北</u> 车 站　　　　　　（直通）**退票报告**

售票处：　　　24　窗口　　　结账日期 2017年10月23日　　　班次 叁班　　　　售票员 × × ×

| 序号 | 退票时间 | 票符 | 原客票 | | | | | | | | 人数 | 总票价 | 应退票价 | 退票费 | 净退款 | 退票理由 | 过点退票标志 | 退款标志 | 备注 |
			票号	日期	车次	发站	到站	售票日期	售票车站	售票处	售票窗口									
1	23:00	B	053862	1022	Z14	广州东	沈阳北	20171020	广州东	广州东站	20	1	549.50	5.00		5.00	原退差		现金	空调故障
2																			
3																			
	页　　计：										1	549.50	5.00	—	5.00				

| 总计 | 应退票价 | 核收退票费 | 其中 | | | 净退款 | 其中 | | | 随缴附件 | | 电子客票 | | |
			现金	储值卡	银行卡		现金	储值卡	银行卡	原客票（张）	客运记录（份）	张数	储值卡	银行卡
	5.00	—	—	—	—	5.00	5.00	—	—	1	1	—	—	—

图 131　退票报告填写样例

参 考 文 献

1. 中华人民共和国铁道部.铁路旅客运输规程,北京:中国铁道出版社,2010.
2. 中华人民共和国铁道部.铁路客运定价规则,北京:中国铁道出版社,1997.
3. 中华人民共和国铁道部.铁路旅客运输办理细则,北京:中国铁道出版社,2010.
4. 郑传义.客运计费,北京:中国铁道出版社,2017.

附　录

附录一　运价里程计算相关规章、文电

一、运价里程

1. 旅客和行李、包裹的票、运价里程,以国务院铁路主管部门公布的《铁路客运运价里程表》为计算依据。发到站间跨及两条及其以上线路时,应按规定的接算站接算;通过轮渡时,应将规定的轮渡里程加入运价里程内计算。

2. 旅客票价里程,按旅客乘车的实际径路计算。

3. 行李运价里程,按行李实际运送的径路计算,旅客要求行李由近径路运送时,如有直达列车可按近径路计算。超过车票终到站以远的行李计费径路比照包裹计费径路办理。

4. 包裹运价里程按最短径路计算,有指定径路时,按指定径路计算。带运、押运包裹的运价里程按实际径路计算。

有直达列车的(指挂有行李车,下同)按直达列车径路计算,有多条直达径路的,按其中最短径路计算。

没有直达列车的,按中转次数最少的列车径路计算,中转次数相同的,按最短列车径路计算。

5. 计算旅客票价,行李、包裹运价的起码里程为:客票 20 千米;空调票 20 千米;加快票 100 千米;卧铺票 400 千米(特殊区段另有规定者除外);行李 20 千米;包裹 100 千米。

(摘自《铁路客运运价规则》(以下简称《价规》)第 8 条~12 条)

二、《铁路客运运价里程表》使用说明

《铁路客运运价里程表》是《铁路旅客运输规程》(以下简称《客规》)的附件四,是用以计算旅客票价及行李、包裹运价里程的依据,并用以查找和确认车站有无营业办理限制。

本里程表所载入的线路,为国家铁路的正式营业线,与国家铁路办理直通运输的地方铁路线、合资铁路线。

(一)表示方法

1. 营业办理限制

全线的营业办理限制:在各该线的里程表上用文字注明。

各站的营业办理限制:在各该站的站名前用下列符号表示:

※旅客乘降所,只办理旅客乘降业务;

⊗不办理行李和包裹业务的车站;

◎不办理包裹业务的车站;

254

△不办理客运业务的线路连接点车站；

G办理高铁快件业务车站。

2. 接算站

在客运运价里程接算站示意图中，接算站用红色圆圈表示。

在里程表中，站名用黑体字印刷，站名下部印有 1 mm 宽的黑色横线，并在该站的第 13 栏印有"接××线"字样。

3. 径路

运价里程栏内的站名，表示计算直通运价里程的径路（即：经由的径路）

4. 直通运价里程

本里程表中的各站，均有自北京、上海、郑州、沈阳站接算的运价里程。

5. 准、窄轨里程

准轨与窄轨铁路相互间计算运价里程（即：昆明—昆明北）时，不另加算里程（直通运送的行李、包裹，则由窄轨发、到站另行核收换装费用）。

6. 站名后加"＊"，表示该站为线路连接点，但不是铁路车站。

（二）使用方法

1. 查找方法

如能确知所要查找的到站在哪条线路时，可从"线名音序索引表"中，查出该站所属线在"里程表"中的页数，即可查出到站。

如不能确知所要查找的到站在哪条线路时，可从"站名首字音序索引表"或者从"站名首字笔画索引表"中，查出该站在"站名索引表"中的页数，然后再查出在"里程表"中的页数，即可查出到站。

2. 确认有无营业办理限制

查出到站后，应首先确认该站有无营业办理限制。

3. 计算里程

（1）发站和到站在同一条线路时：

用自本线起点站（2栏）至发站和到站的运价里程相减，即可计算出发站至到站的运价里程。

（2）发站和到站在相互衔接的两条线时：

应分别计算出自发站和到站至该两条线的接算站间的运价里程相加，即可算出发站至到站的运价里程。

（3）发站和到站在不相衔接的两条线，而旅客指定的径路与本里程表中直通运价里程径路相同时：

应分别计算出自发站和到站至直通运价里程接算站间的运价里程相加，即可算出发站至到站的运价里程。

（4）发站和到站在不相衔接的两条线，而旅客指定的径路与本里程表中运价里程的径路不同时：

按旅客指定的径路顺序，逐段计算出各线的运价里程，然后相加，即得出发站至到站的运价里程。

（摘自《客规》附件四《铁路客运运价里程表》）

三、关于客运运价里程计算接算点等有关问题的通知

随着计算机售票的普及，对客运运价里程计算有关问题明确如下：

1. 旅客列车运行跨及两线时，列车不经由连接两线接算站的，该列车旅客票价和行李的运价里程，在两线连接点车站接算。包裹的运价里程和发售通票时尚未确定车次的区段旅客票价、行李运价里程应按接算站接算。

2. 旅客列车折返（含环线）运行，折返运行区段不是折返区间（即接算站示意图上标示为红线的）的，通

过旅客的票价和行李运价里程不包括折返里程。

3. 旅客列车折返(含环线)运行,同一车站同程两次停靠并均办理旅客乘降业务的运价里程按下列规定处理:

该站终到旅客计算到第一次停靠;

该站上车旅客乘坐区间为折返区间内的按第一次停靠起算,乘坐区间为折返区间外的按第二次停靠起算。

(摘自 2004 年 4 月 9 日铁运电〔2004〕64 号,2004 年第 2 期《铁路客货运输专刊》)

四、涉及不同运价区段列车票(运)价计算的规定(摘要)

新图中涉及不同运价区段的旅客列车增多,为使新旧图平稳交替,新增涉及不同运价区段的列车,票价按国铁价格执行,里程通算。

(摘自铁道部(1998)第 456 号电)

五、关于修改行包运输计费及客运杂费有关规定的通知(摘要)

一、国家铁路、合资铁路、地方铁路及特殊运价区段间办理行李、包裹直通运输的,不再实行分段计费,执行国铁行李、包裹统一运价及相关计费标准,里程通算,运费在发站一次核收,原实行特殊运价的国家铁路、合资铁路、地方铁路不再核收原批准的运价。

(摘自 2005 年 12 月 14 日铁运〔2005〕217 号,2006 年第 1 期《铁路客货运输专刊》)

附录二 票价相关规定、通知、文电

一、旅客票价

1. 旅客票价是以每人每千米的票价率为基础,按照旅客旅行的距离和不同的列车设备条件,采取递远递减的办法确定。具体票价以国务院铁路主管部门公布的票价表为准。

包房式硬卧票价分别按硬卧中、下铺另加 30% 计算。

2. 棚车代用客车时,客票票价按硬座客票半价计算。棚车儿童客票票价按棚车客票半价计算。棚车加快票票价按普通加快票票价计算。

3. 儿童票可享受客票、加快票和空调票的优惠,儿童票票价按相应客票和附加票票价的 50% 计算。免费乘车及持儿童票乘车的儿童单独使用卧铺时,应另收全价卧铺票价,有空调时还应另收半价空调票票价。

学生票可享受硬座客票、加快票和空调票的优惠,学生票票价按相应客票和附加票票价的 50% 计算。持学生票乘车的学生使用硬卧时,应另收全价硬卧票价,有空调时还应另收半价空调票票价。

残疾军人票可享受客票和附加票的优惠,残疾军人票票价按相应客票和附加票票价的 50% 计算。

享受优惠的儿童、学生、伤残军人乘坐市郊、棚车时,仍按硬座半价计算,不再减价。

4. 国家铁路的旅客票价率和行李、包裹运价率由国务院铁路主管部门拟定,报国务院批准。客运杂费由国务院铁路主管部门规定。

经国务院铁路主管部门商国家物价主管部门同意,特殊区段可实行特殊运价。

5. 在国务院批准的价格内,经国家物价主管部门同意,国务院铁路主管部门可根据运输市场的需求实行浮动价格;对在铁路局管内运行的旅客列车的票、运价,可根据具体情况,赋予铁路局自行浮动的权力。

6. 国家铁路的旅客票价,以 5 角为计算单位,不足 5 角的尾数按 2.5 角以下舍去、2.5 角及以上进为 5 角处理①。国家铁路的行李、包裹运价及客运杂费的尾数保留至角。对浮动票价应分别按票种处理尾数。

(摘自《价规》)第 14 条～16 条、第 3 条～5 条)

①编者注:旅客票价的尾数<0.25 元舍去,0.25 元≤尾数<0.75 元计为 5 角,尾数≥0.75 元进为元。

二、《铁路旅客票价表》使用说明

1. 本表按客车装备分为二部分,分别是非空调列车票价表、空调列车票价表,适用于普通旅客慢车、普通旅客快车、快速旅客列车、特快旅客列车、直达特快旅客列车等非动车组列车(另有规定除外)。

2. 分票种票价表及联合票价表。旅客票价包括客票和附加票两部分。客票票价分为硬座、软座客票票价。附加票票价分为加快、卧铺、空调票票价。分票种票价表是将客票和附加票票价分别列出,联合票价表则是客票和有关附加票票价相加的结果。

硬座、硬卧统称硬席。软座、软卧统称软席。

3. 加快票由低到高分为三等,即普通加快票,快速加快票和特别加快票。特别加快票未在表中列出,特快旅客列车、直达特快旅客列车也未核收特别加快票,暂按快速加快票核收。

4. 少量特等软座、高级软卧票价实行市场调节价,未在本表中列出。

5. 旅客列车票价会在国家规定范围内有一定幅度上下调整,具体情况请见车站公告。

(摘自《客规》附件二《铁路旅客票价表》(铁运函〔2012〕302 号))

三、关于旅客票价计算等相关事项的通知

为规范旅客票价浮动计算,明确变更时票价差额的算法,现将有关事项通知如下:

1. 浮动票价的计算

票价浮动时动车组列车以公布票价、其他列车以《旅客票价表》公布的票价为基础,按下列公式计算:

$$浮动票价 = 公布票价 \times (1 + \alpha)$$

其中 α 为上下浮动幅度,当下浮时,α 为负数。

(摘自 2012 年 12 月 18 日铁运电〔2012〕102 号修改,2012 年第 6 期《铁路客货运输专刊》)

2. 实行票价浮动的列车,均按上述第一项计算确定的浮动票价为该列车应收票价。对无票人员补收票款、按规定加收票款以及退票核收退票费等情况下,应按上述应收票价计算有关票款。

3. 按规定旅客变更席别、车次、径路等产生票价差额需退还时,票价差额按联合票价"应收-已收"原则计算。"应收"是指旅客变更前已乘及变更后将乘列车区间及席位按联合票价计算确定的票价,"已收"指变更前原票面载明的列车区间及席位的票价。

(摘自 2010 年 11 月 25 日　铁运电〔2010〕110 号,2010 年第 6 期《铁路客货运输专刊》)

四、国家计委关于高等级软座快速列车票价问题的复函

你部《关于高等级软座快速列车票价的函》(铁运函〔1997〕181 号)收悉。经研究,现就有关问题复函如下:

(一)北京铁路局开行北京—秦皇岛 25K 型高等级软座快速列车,票价可以照《国家计委关于 25K 型高等级软座列车暂定票价问题的复函》(计价管〔1997〕470 号)中确定的票价执行,即:

1. 二等车软座基准价。二等车软座基准价参照现行软座票价确定,即:旅行速度达到 110 公里以上的,二等车软座客票基准价为每人公里 0.280 5 元;旅行速度在每小时 110 公里以下的,二等车软座客票基准价为每人公里 0.233 0 元。

2. 一等车和特等车软座基准价。以二等车基准价为基础,一等车软座客票基准价按高出 20% 确定,特

等车按高出 50％确定。其中,旅行速度达到每小时 110 公里以上的,一等车客票基准价为每人公里 0.336 6 元,特等车客票基准价为每人公里 0.420 8 元;旅行速度在每小时 110 公里以下的,一等车客票基准价为每人公里 0.279 6 元,特等车客票基准价为每人公里 0.349 5 元。

3. 浮动幅度。以上述基准价格为基础,你部可根据市场情况,在上下 10％的幅度内,确定具体票价,并抄送我委备案。

(二)今后,你部新开行 25K 型软座快速列车,可按上述规定确定具体票价,同时抄报我委备案,并抄送有关省、自治区、直辖市物价部门。

(三)以上规定,自 1997 年 6 月 25 日起执行。

(摘自 1997 年 6 月 23 日 计价管〔1997〕1068 号,1997 年第 4 期《铁路客货运输专刊》(客运))

五、动车组票价

(一)关于动车组票价有关事项的通知

"4.18"大提速后开行的动车组列车是此次提速调图推出的客运新产品。按《关于确定 CRH1、CRH2 和 CRH5 型动车组座车等级为软座车的通知》(运装客车〔2007〕169 号)的规定,现将动车组列车票价水平及相关事项通知如下:

1. 定价依据

按《国家计委关于高等级软座快速列车票价问题的复函》(计价管〔1997〕1068 号)的规定,旅行速度达到每小时 110 公里以上的动车组列车软座票价基准价:每人公里一等座车为 0.3366 元,二等座车为 0.2805 元,可上下浮动 10％。

按《国家计委关于广深铁路运价的复函》(计价管〔1996〕261 号)的规定,广深线开行的动车组列车票价可在国铁统一运价为中准价上下浮动 50％的基础上再上下浮动 50％,由企业自主定价。

2. 动车组公布票价

一等座车公布票价＝0.3366×(1＋10％)×运价里程

二等座车公布票价＝0.2805×(1＋10％)×运价里程

广深线上的动车组列车公布票价由企业在规定水平内自行确定。

3. 票价执行

动车组票价可按公布票价打折,但应符合下列条件:

(1)根据不同区域、不同季节、不同时段的市场需求,实行不同形式的打折票价;

(2)二等座车公布票价打折后不得低于相同运价里程的新空软座票价。在短途,公布票价低于新空软座票价时,按公布票价执行。70 公里及以下运价里程的动车组不进行任何形式打折优惠,一律按公布票价执行;

(3)经过相同径路,相同站间,相同时段,不同车次应执行同一票价;

(4)同一车次,各经停站的票价在里程上不能倒挂;

(5)一等座车与二等座车的比价在 1∶1.2～1∶1.25 之间。

4. 管理权限

公布票价由原铁道部决定。折扣票价由铁路运输企业决定,并在公布前 3 天报铁路总公司(原铁道部)备案,但下列情况:

(1)跨局开行的动车组列车;

(2)折扣率需低于 6 折时;

(3)铁路运输企业之间意见有分歧时;铁路运输企业要在公布前 10 天报铁道部备案。公布票价的折扣率和折后票价由上车站所在铁路局提出车次别、发到站别的动车组列车点到点票价,商有关担当铁路局后,按管理权限执行。

5. 公布

按列车开行日期,至少提前 7 天在车站营业场所向旅客公布点到点公布票价,不公布价率。实行打折优惠时,车站除公布公布票价外,另要及时公布车次别点到点票价的折扣率和折后票价。公布票价打折时,在票面打印"折"字。

6. 有关事项

(1)"4.18"开始实行时,短途区间票价最低可按公布票价的九折确定执行票价,执行票价可以实行时段价,但平均票价不得低于公布票价的九折;中长途区间二等座车可按新空硬卧下铺票价执行,一等座车按 1.25 的比价计算执行。

(2)动车组列车票价按开行时间分批公布。"4.18"开行的动车组列车公布票价附后。

(3)按本电报规定原则,各局将"4.18"开行动车组的点到点执行票价于 4 月 5 日前报部备案。

(摘自 2007 年 3 月 30 日铁运电〔2007〕75 号,2007 年第 2 期《铁路客货运输专刊》)

(二)关于动车组软卧票价有关事项的通知

2008 年列车运行图实施后,动车组软卧车将陆续上线运行,按现行新空特快不同席别的比价关系和动车组座车的票价,现将动车组软卧票价水平及相关事项通知如下:

1. 公布票价

软卧上铺公布票价＝0.336 6×(1＋10％)×1.6×运价里程

软卧下铺公布票价＝0.336 6×(1＋10％)×1.8×运价里程

2. 动车组软卧票价可按公布票价打折,但打折后不得低于相同运价里程的新空软卧票价。

3. 其他有关票价执行、管理权限和公布等均按部发《关于动车组票价有关事项的通知》(铁运电〔2007〕75 号)和《铁路客运运价规则》等规定执行。

(摘自 2008 年 12 月 12 日铁运电〔2008〕135 号,2008 年第 6 期《铁路客货运输专刊》)

(三)关于明确动车组儿童、伤残军人票价计算有关事项的通知

按《铁路旅客运输规程》等有关规定享受减价优待的儿童、学生、伤残军人乘座动车组时,其票价均以公布票价为基础计算。

动车组软卧儿童票确定如下:

动车组软卧儿童票＝动车组软卧公布票价－动车组壹等座公布票价/2

(摘自 2008 年 12 月 25 日铁运电〔2008〕139 号,2009 年第 4 期《铁路客货运输专刊》)

(四)关于动车组儿童、学生、伤残军人票价计算事项的解释

按《关于明确动车组儿童、伤残军人票价计算有关事项的通知》(铁运电〔2008〕139 号)规定,当计算出的动车组儿童、学生、伤残军人优惠票价高于动车组折扣票价时,动车组儿童、学生、伤残军人优惠票价改按动车组折扣票价执行。

铁道部运输局通话记录 090102－1 号同时废止。

(摘自 2009 年 11 月 13 日　运营运价电〔2009〕3474 号,2009 年第 6 期《铁路客货运输专刊》)

(五)关于动车组高级软卧票价有关事项的通知

按现行新空特快不同席别的比价关系和动车组软卧的票价,现将动车组高级软卧票价水平及相关事项通知如下:

1. 公布票价

高级软卧上铺票价＝0.336 6×（1＋10％）×3.2×运价里程

高级软卧下铺票价＝0.336 6×（1＋10％）×3.6×运价里程

2. 动车组软卧票价可按公布票价打折，但打折后不得低于相同运价里程的动车组软卧票价。

3. 其他有关票价执行、管理权限和公布等均按铁道部发《关于动车组票价有关事项的通知》（铁运电〔2007〕75 号）和《铁路客运运价规则》等规定执行。

（摘自 2009 年 10 月 26 日铁运电〔2009〕108 号，2009 年第 5 期《铁路客货运输专刊》）

（六）铁道部关于取消强制保险后动车组列车票价及票价浮动计算等有关事项的通知

按照《国务院关于修改和废止部分行政法规的决定》（国务院令第 628 号）规定，《铁路旅客意外伤害强制保险条例》自 2013 年 1 月 1 日废止执行，同步下调铁路旅客票价，现将动车组列车票价及票价浮动计算等有关事项通知如下：

1. 时速 200～250 公里动车组列车公布票价

部发《关于动车组票价有关事项的通知》（铁运电〔2007〕75 号）第二项、《关于动车组软卧票价有关事项的通知》（铁运电〔2008〕135 号）第一项、《关于动车组高级软卧票价有关事项的通知》（铁运电〔2009〕108 号）第一项、《关于时速 200～250 公里动车组列车特等座、商务座等席别票价有关事项的通知》（铁运电〔2011〕85 号）第一项内容中，删除"另，票价外按规定加收按硬座基准价的 2％计算的强制保险。"

2. 时速 300～350 公里动车组列车票价

京津城际线、京广高速线武广段、徐兰高速线郑西段、沪宁高速线、沪昆高速线沪杭段、京沪高速线、京广高速线郑武段、合蚌高速线、京哈高速线沈哈段、沈大高速线等现执行试行运价的动车组列车票价也按运价里程相应扣减强制保险费。

3. 动车组列车学生票票价

学生票可享受动车组列车二等座票价优惠。动车组列车学生票票价按二等座公布票价的 75％计算。

4. 票价浮动计算

票价浮动时动车组列车以公布票价、其他列车以《旅客票价表》公布的票价为基础，按下列公式计算：

$$浮动票价＝公布票价×（1＋\alpha）$$

其中 α 为上下浮动幅度，当下浮时，α 为负数。

铁道部前发《关于旅客票价计算等相关事项的通知》（铁运电〔2010〕110 号）第一项内容同时废止。之前已执行浮动的票价计算不追溯。

本通知自 2013 年 1 月 1 日起施行。

（摘自 2012 年 12 月 18 日铁运电〔2012〕102 号，2012 年第 6 期《铁路客货运输专刊》）

（七）关于时速 200～250 公里动车组列车特等座、商务座等席别票价有关事项的通知

按不同席别占用面积和既有动车组列车票价，现将时速 200～250 公里动车组列车特等座、商务座、一等包座、观光座票价水平及相关事项通知如下：

1. 公布票价

特等座公布票价＝0.280 5×（1＋10％）×1.8×运价里程

商务座公布票价＝0.280 5×（1＋10％）×1.8×3×运价里程

一等包座、观光座按特等座公布票价执行。

2. 动车组特等座、商务座、一等包座、观光座票价可按公布票价打折，但特等座、观光座、一等包座折后

票价不应低于一等座公布票价,商务座折后票价不应低于特等座公布票价。

3. 其他有关票价执行、管理权限和公布等均按部发《关于动车组票价有关事项的通知》(铁运电〔2007〕75 号)和《铁路客运运价规则》等规定执行。

(摘自 2011 年 6 月 21 日铁运电〔2011〕85 号,2011 年 8 月 19 日铁运电〔2011〕109 号修改,2011 年第 4 期《铁路客货运输专刊》)

六、关于新型空调列车执行新空票价的通知

根据目前运输市场发展状况,考虑铁路与其他运输方式的比价,经研究决定,现有及以后开行的新型空调列车的票价均按新型空调车票执行,铁路运输企业可依据客流情况在 20％的幅度内对票价进行折扣。

(摘自 2008 年 9 月 9 日铁运电〔2008〕110 号,2008 年第 5 期《铁路客货运输专刊》)

七、转发《关于提高铁路新型空调客车票价的复函》的通知

现将国家物价局〔1992〕价工字 342 号《关于提高铁路新型空调客车票价的复函》转发给你们,请抓紧做好实施的准备工作。

国家物价局文件
关于提高铁路新型空调客车票价的复函
1992 年 7 月 6 日〔1992〕价工字 342 号

铁道部:

你部铁运函〔1992〕205 号《关于铁路新型空调客车票价上调的函》收到。经研究,函复如下:

按照优质优价原则,决定铁路新型空调客车的票价在现行各票种票价的基础上提高百分之五十(不再另收季节性空调费)。

以上由你部统一安排,自九月一日起实行。旅行社组织的国外旅游团体旅客票价,自一九九三年一月一日起实行。

(摘自 1992 年 7 月 22 日　铁运函〔1992〕358 号,1992 年第 5 期《铁路客货运输专刊》(客运))

八、关于京广线广坪段客货运价的通知

《国家发展改革委关于京广铁路广坪段实行运价浮动有关问题的通知》(发改价格〔2004〕3050 号)业已下发,广深铁路股份公司已收购原羊城铁路总公司运营资产。现将国铁正式营业线京广线广坪段等线有关运价事项通知如下:

(一)客运价格

京广线广坪段(广州—坪石)软席票价可在国铁统一运价基础上上浮 50％。广坪段与其他营业线之间开行的直通旅客列车,其票价分段计算,同时涉及广坪段和广九线的旅客列车,将广坪段和广九线里程通算,执行广坪段票价水平。广坪段票价按下列办法确定:

广坪段票价＝〔(900 公里＋广坪段里程)处的国铁票价－900 公里处国铁票价〕×1.5

(二)货物运价(略)

(三)杂费

客货运杂费的收费费目和收费标准均按《铁路客运运价规则》和《铁路货运运价规则》及有关文电规定执行。

(四)价格管理

客货运价均可向下浮动,幅度不限。

管内旅客列车和货物运价浮动时需由铁路局文电明确,在营业场所提前向社会公布,并报国家发展改革委、铁道部及地方物价部门备案。

直通旅客列车票价浮动报铁道部批准。

(五)其他未尽事项均按现行规定执行。本通知自 2007 年 1 月 10 日起执行。

(摘自 2006 年 12 月 31 日铁运电〔2006〕245 号,2007 年第 1 期《铁路客货运输专刊》)

九、关于执行国家发展计划委员会、铁道部关于改革铁路空调候车室收费办法的通知

各铁路局、广铁(集团)公司:

为认真贯彻国家计划委员会、铁道部关于《改革铁路空调候车室收费办法》(计价格〔1998〕1519 号)的通知,特对实施中的具体问题规定如下:

(一)发售超过 200 公里的硬座票或同时有附加票时,不论全价票、学生票、伤残军人票、儿童票,票价内均加收一元钱,单独补附加票时不加收。列车内补票也按此办理。

(二)车站登记公免票时,不论软、硬座,均在原有的基础上再加收一元钱。列车登记时均不加收。

(三)旅客在中转站办理签证或同时办理补价手续时,不再加收一元钱。

(四)办理团体旅客票时,其中按规定优惠免费的人数均不加收一元钱。

(五)站、车在使用代用票发售时,按每人加收一元钱计算。

(六)涉及国铁、地铁或合资铁路间办理直通业务时,按加总的里程计算是否加收一元钱。

(七)旅客退票时,加收的一元钱计入票价总数按比例核收退票费。

(八)计算机售票的车站于 9 月 1 日起即实行本规定及计价格〔1998〕1519 号文。

非计算机售票的车站可以暂时使用现行的常备票,一元钱暂不收取,待新票到后再执行本规定。

(九)车站所收一元钱的空调费在二号表上单独列账。

(摘自 1998 年 8 月 18 日　铁道部第 416 号电报,1998 年第 5 期《铁路旅客运输专刊》)

十、关于公布客票系统发展金管理办法的通知

经国家计委计价管〔1996〕2909 号文批准,凡计算机发售的软票,准在票价中加收一元钱,用于增加的成本开支,同时取消软票费费目。为加强这一资金的管理,特制定《客票系统发展金管理办法》,现予公布,请按照执行。

客票系统发展金管理办法

(一)为加强客票系统发展金的管理,加快客票发售及预订系统的发展,特制定本办法。

(二)凡计算机售软票,票价在 5 元(即指一张车票的面额)及其以下的,票价增加 0.5 元;票价在 5 元以上的,票价增加 1 元;此项资金作为客票系统发展金(中转不收)。各种铁路乘车证签证时均收取客票系统发展金 1 元

发生退票时,客票系统发展金视作票价的一部分,按规定比例收取退票费。

(三)客票系统发展金随运输进款逐级上缴。

(四)客票发售及预订系统的投资不允许搞个人集资或变相集资,分取利润。

(五)客票系统发展金实行专款专用,滚动发展。在上缴营业税和附加及部规定的印票成本后,全部用于客票发售及预订系统的建设,不得挪作它用。

(六)各局按本办法制定财务管理办法。

(摘自 1996 年 12 月 23 日　铁运函〔1996〕444 号,1997 年第 1 期《铁路旅客运输专刊》)

附录三　关于公布《铁路进站乘车禁止和
限制携带物品的公告》的通知

根据国务院颁布的《铁路安全管理条例》等国家法律、行政法规、规章等规定,为维护铁路公共安全,确保广大旅客安全旅行,现将铁路进站乘车禁止和限制携带物品公布如下:

1. 请勿携带以下枪支、子弹类(含主要零部件):

手枪、步枪、冲锋枪、机枪、防暴枪等军用枪以及各类配用子弹(含空包弹、战斗弹、检验弹、教练弹);气枪、猎枪、运动枪、麻醉注射枪等民用枪以及各类配用子弹;道具枪、仿真枪、发令枪、钢珠枪、消防灭火枪等其他枪支;上述物品的样品、仿制品。

军人、武警、公安人员、民兵、射击运动员等人员携带枪支子弹的,按照国家法律法规有关规定办理,并严格执行枪弹分离等有关枪支管理规定。

2. 请勿携带以下爆炸物品类:

炸弹、照明弹、燃烧弹、烟幕弹、信号弹、催泪弹、毒气弹、手雷、手榴弹等弹药;炸药、雷管、导火索、导爆索、爆破剂、发爆器等爆破器材;礼花弹、烟花、鞭炮、摔炮、拉炮、砸炮、发令纸等各类烟花爆竹以及黑火药、烟火药、引火线等烟火制品;上述物品的仿制品。

3. 请勿携带以下器具:

匕首、三棱刀(包括机械加工用的三棱刮刀)、带有自锁装置的弹簧刀以及其他类似的单刃、双刃刀等管制刀具;管制刀具以外的,可能危及旅客人身安全的菜刀、餐刀、屠宰刀、斧子等利器、钝器;警棍、催泪器、催泪枪、电击器、电击枪、射钉枪、防卫器、弓、弩等其他器具。

4. 请勿携带以下易燃易爆物品:

氢气、甲烷、乙烷、丁烷、天然气、乙烯、丙烯、乙炔(溶于介质的)、一氧化碳、液化石油气、氟利昂、氧气(供病人吸氧的袋装医用氧气除外)、水煤气等压缩气体和液化气体;汽油、煤油、柴油、苯、乙醇(酒精)、丙酮、乙醚、油漆、稀料、松香油及含易燃溶剂的制品等易燃液体;红磷、闪光粉、固体酒精、赛璐珞、发泡剂 H 等易燃固体;黄磷、白磷、硝化纤维(含胶片)、油纸及其制品等自燃物品;金属钾、钠、锂、碳化钙(电石)、镁铝粉等遇湿易燃物品;高锰酸钾、氯酸钾、过氧化钠、过氧化钾、过氧化铅、过醋酸、双氧水等氧化剂和有机过氧化物。

5. 请勿携带以下剧毒性、腐蚀性、放射性、传染性、危险性物品:

氰化物、砒霜、硒粉、苯酚等剧毒化学品以及毒鼠强等剧毒农药(含灭鼠药、杀虫药);硫酸、盐酸、硝酸、氢氧化钠、氢氧化钾、蓄电池(含氢氧化钾固体、注有酸液或碱液的)、汞(水银)等腐蚀性物品;放射性同位素等放射性物品;乙肝病毒、炭疽杆菌、结核杆菌、艾滋病病毒等传染病病原体;《铁路危险货物品名表》所列除上述物品以外的其他危险物品以及不能判明性质可能具有危险性的物品。

6. 请勿携带以下危害列车运行安全或公共卫生的物品:

可能干扰列车信号的强磁化物,有强烈刺激性气味的物品,有恶臭等异味的物品,活动物(导盲犬除外),可能妨碍公共卫生的物品,能够损坏或者污染车站、列车服务设施、设备、备品的物品。

7. 限量携带以下物品:不超过 20 毫升的指甲油、去光剂、染发剂;不超过 120 毫升的冷烫精、摩丝、发胶、杀虫剂、空气清新剂等自喷压力容器;安全火柴 2 小盒;普通打火机 2 个。

8. 其他禁止和限制旅客携带物品按照国家法律、行政法规、规章规定办理。

9. 违规携带上述物品,依照国家法律法规的规定处理。

本公告自 2016 年 1 月 10 日起实行。

(摘自 2015 年 12 月 30 日　铁总运〔2015〕355 号,2015 年第 6 期《铁路客货运输专刊》)

附录四　各种铁路乘车证使用规定简明表

顺序号	票种	颜色符号	证件证明（四证俱全方为有效）	准乘列车（含动车组）	是否签证	使用人数	中途下车	卡片	使用卧铺	违章使用处理	是否加剪	到站	有效期限	备注
1	硬席全年定期	浅蓝色 公YN	工作证（离、退休证）、相应的证明（如职工出差证明、借工出差证明书等）、居民身份证	准乘各种旅客列车（国际列车除外）	免签	1人	可	除乘车证使用卡片	职工（含路局）合使用乘车的要按所乘车级、席别、辅面填写人数或按《铁路旅客运输规程》的规定补收和加收票面记载的席别、区间，按照下列计算方法加收罚款。	违章使用乘车证均按照所乘车级或全程（含单程往返）及票面填写人数按照《铁路旅客运输规程》的规定补收和加收票面记载的席别、区间，按照下列计算方法加收罚款。 1.定期通勤乘车证、有效期自有效月份起始至当月定期月份止，按里程计算，票面填写号每面至有效月定期每月一次往返往返的里程 2.全年定期乘车证、通勤（学）乘车证从有效期开始至有效期终了按日算至发现违章日期止。票证自次日算至发现违章日期止，从发现的次日起算乘车区间内的，按每日乘每日乘50 km计算的；按每日乘车区间同跨铁路局的，按每日乘100 km计算的；票价后低于50元核收50元或低于100元的按100元核收 3.发现其他违章，均按《客规》的规定处理		N个	本年度，可延期使用到次年的1月15日止	在乘车证卡片上使用卡片标记
2	软席全年定期	浅粉色 公RN	同上	同上	免签	1人	可	同上	开会、调转赴任、医疗转赴任、人员出差、差勤等			N个	同上	同上
3	硬席临时定期	浅蓝色 公YL	同上	同上	签	1人	可	同上	供养的直系亲属、疗养、护送，以本人开始乘车至列车开车时刻计算。从当日夜20:00至次日晨7:00之间，在车上过夜6 h（含6 h）或以上的，准予免费使用卧铺		不能超过3个	同"硬席"	同上
4	软席	浅粉色 公RX	同上	同上	签	1人	除乘外，中途下车无效	不附卡片			往返，加剪	往返只限1个；临时定期不限	同"硬席"	同上
5	硬席	浅黄色 公YX	工作证（离、退休证）、相应证明（如职工出差证明书、因人事调转令、户口迁移证明、机保乘务员的交接班证明等）、居民身份证	同上	签	1人	同上	同上	不能免费使用卧铺		加剪	只限1个	据实填写，最长3个月，可跨年填发	
6	通勤	浅黄色 公DT	工作证、学生证、居民身份证	通勤、通学：快车和普通旅客列车	免签	1人	同上	同上	不能免费使用卧铺		加剪	只限1个	一个历年或一个学年	
7	级医（购粮）	浅黄色 公JY	工作证（离、退休证、家属）、医疗证、转院证明等、居民身份证	快车、普通旅客列车	全年定期免签	不限，据实填写	同上	同上	不能免费使用卧铺		加剪	只限1个	定期同"硬席"年定期；临时，往返最长不超过3个月	全医院管辖的医疗区段，更不能跨局
8	便乘证	浅蓝色 公BC	工作证、司机履历单、居民身份证	指定日期、车次一次乘车有效	免签	同上	不可	同上	按指定铺位	使用卧铺中途不乘下车；不足夜间乘车6 h或连续乘车12 h的，列车长应按章核收相应的卧铺票价	加剪	只限1只	当日当次有效	
9	探亲	浅蓝色 公TQ	工作证、探亲证明、居民身份证	准乘除国际、旅游列车以外的各种旅客列车	签	不限，据实填写	除乘外，中途下车无效	同上	不能免费使用卧铺		加剪	只限1个	同"硬席"	不能乘坐软席

注1：凡我局局内职工：铁路职工（含退伍兵）、在人校学习、培训期间乘发车务员应写明称谓和机乘务员。乘坐本局开行的客车时，在本局范围内可使用集体硬席乘车证，须另在乘车证下端填写附乘车证随带名单。职工的随同人员应在乘车证称谓，姓名、性别、年龄，不能写××××外儿名，并由随发人在随车填××××等乘坐命令客车

注2：凭调命令客车：事故救援与抢险救灾，由于时间紧迫来不及填发乘车证时，可凭调度命令乘车，一次乘车有效

注3：动车组准乘条件：铁路职工（包括全国铁路联合或各铁路公司职工）可以持乘坐动车组列车，其中，持硬席全年定期、临时定期乘车证的人员可以乘坐动车组列车卧铺和一等坐席。软席乘车证的人员可以乘坐动车组列车卧铺和一等坐席，持硬席乘坐其他铁路乘坐动车组列车卧铺和二等坐席